史上最歡樂！

圖解世界名畫裡的聖經故事

杉全美帆子／著
鍾嘉惠／譯

contents

前言

全球銷售第一的暢銷書《聖經》，數千年來不斷被人們講述、閱讀著，許多情節也成為繪畫和雕刻的題材，流傳至今。

「為什麼能有如此成就？書裡到底記載了什麼樣的故事呢？」

我猜，像這樣純粹感到好奇的朋友應該不少。可是一旦坐在聖經前，馬上便了解自己無論如何也不可能讀完，於是一直未曾動手翻閱，相信也有很多人曾有過這種經驗。

另外，看到西洋繪畫和雕刻時，會發現許多作品都以聖經作為題材，要是知道故事內容的話，欣賞的時候一定更能盡興吧。

本書為了滿足這兩方面的需求及對知識的渴望，竭盡全力。

利用簡單易懂的插圖，順著故事的大致發展講述其內容，若有描繪知名場面的繪畫也一併加以賞析。

我的想法是，把聖經當作故事來閱讀，是不是更能深入理解名畫的意義，進而消除名畫解析容易陷入的「故事歸故事、畫歸畫」的切割狀態呢？

因此，我會先依時代順序介紹一則則聖經裡的小故事，並以經常被拿來當作繪畫主題的故事為優先，大家可以把它當成歷史讀物來閱讀。

本書介紹的舊約聖經裡，記載了自創造天地起，以色列人紀元前的歷史。這樣一本特殊的書，為什麼會衍生出猶太教、基督教、伊斯蘭教這三大信仰唯一神祇的宗教呢？

舊約聖經寫於兩千多年前，至今卻依然持續對宗教、藝術、文學、政治、歷史造成巨大的影響。要不要與我一同探究「所謂的聖經……不，首先是舊約聖經，到底是什麼」這個大哉問呢？

何謂舊約聖經？

記載「以色列、猶太民族歷史」的書

一旦被問到「舊約聖經是本什麼樣的書」這個問題時，由於它是宗教書籍，首先應該會想像它所記載的是和上帝有關的事情吧？可能還會認為書裡充斥著教人活得良善的格言，談到許多為惡的教訓、正義的美德之類的內容，是不是呢？

這些部分當然都有，但大部分記敘的是從紀元前兩千年左右起、「**以色列人約一千五百年的歷史**」。

不過，舊約聖經終歸還是一本宗教書籍。怎麼說呢？

因為相信唯一神祇耶和華的以色列人認為，「**萬事萬物皆是由上帝創造**」。

能持續過著幸福的生活，是忠於上帝才能享受到的恩典；倘若苦難不斷，就是觸怒了上帝，上帝因而給予審判。

因此，這本一般相信是發生在古代以色列的歷史記錄，便成為了聖典。

舊約聖經為何被稱為三大一神教的源頭？

基督教、伊斯蘭教、猶太教同樣是「信仰唯一神祇」的一神教。一般認為，目前這三大宗教的信徒合計超過全球人口的五成。

而擁有如此巨大影響力的三大宗教，其根基就是舊約聖經。

因為宗教觀不同，有時難以互相理解的三大宗教，其實都是從舊約聖經誕生出來的姊妹宗教。

	基督教	伊斯蘭教	猶太教
神（唯一真神）	主&耶穌&聖靈	阿拉	耶和華
信徒	信奉「上帝之子耶穌」的人	遵守並實踐古蘭經教諭的人	與耶和華立約的人
救世主	耶穌	耶穌、穆罕默德為先知	尚未降臨

那麼，這三大宗教的差異何在呢？其中一個很大的差異就是對「救世主」的看法。

舊約聖經以紀元前六世紀左右，先知對「彌賽亞（救世主）會降臨」的預言告終。

而這位救世主出現了嗎？

●基督教：耶穌即救世主

●伊斯蘭教：耶穌是先知，但不是救世主。穆罕默德是最後且最偉大的先知，但也不是救世主

●猶太教：尚未降臨

三大宗教的看法各自不同。

猶太教不承認新約聖經，當然也不承認耶穌是救世主。

伊斯蘭教受到舊約、新約的影響，因此亞伯拉罕、摩西和耶穌皆出現在古蘭經中，但不承認耶穌是救世主。

作者是誰？何謂死海古卷？

將希伯來文
翻譯成希臘文中！
據說72人必須在72天內完成……
動作快動作快

以賽亞書的
一部分
紀元前以希
伯來文書寫

舊約聖經是以口傳的方式代代相傳下來，作者不詳。一般推測，大約紀元前十世紀以後便開始有人用文字記述它，並在紀元前六世紀的巴比倫之囚事件後完成摩西五經。不過當時的書卷並未保留下來。

現存的最古老的抄本，是一九四七年由牧羊人發現的「死海古卷」，即在死海沿岸的洞窟附近陸續被人發現的經卷，最古老的經卷據推測完成於紀元前二世紀左右。「死海古卷」中包含了以賽亞書的抄本，和舊約聖經幾乎每一卷書的碎片。

紀元前二五〇年左右，將希伯來文譯成希臘文的「七十士譯本」完成，成為基督教的可靠文獻不斷為人傳閱。

舊約聖經的內容組成

律法書

摩西五經
猶太教中最重要的經典。自創造天地起，到摩西死亡為止。

創世記
出埃及記
利未記
民數記
申命記

Moses

正典共39卷

歷史書

律法書之後，從以色列王國建國、被擄往巴比倫，到返回耶路撒冷為止。

約書亞記
士師記
路得記
撒母耳記上
撒母耳記下
列王記上
列王記下
歷代志上
歷代志下
以斯拉記
尼希米記
以斯帖記

先知書

歷代先知們的足跡和話語。

以賽亞書
耶利米書
哀歌
以西結書
但以理書
何西阿書
約珥書
阿摩司書
俄巴底亞書
約拿書
彌迦書
那鴻書
哈巴谷書
西番雅書
哈該書
撒迦利亞書
瑪拉基書

聖詠

收錄關於人生的訓詞、詩歌等。

約伯記
詩篇
箴言
傳道書
雅歌

外典、續篇

（收錄的內容依教派而不同）

多俾亞傳
友弟德傳
馬加比一書
馬加比二書
所羅門智訓
但以理書補寫篇（蘇撒拿傳）
其他

至高無上的耶和華和競爭對手巴力神

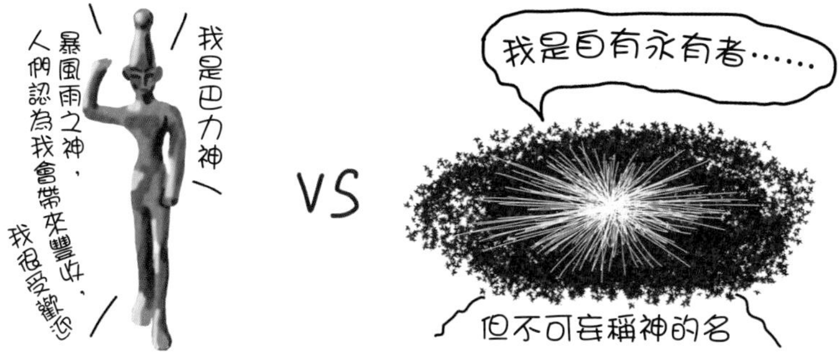
我是自有永有者……
但不可妄稱神的名
VS
我是巴力神／
暴風雨之神，
人們認為我會帶來豐收，
我很受歡迎

舊約聖經裡唯一的神耶和華，被摩西問到名字時，祂如此回答：

「我是自有永有者。」

此外，聖經中「神」和「主」的稱謂混在一起，兩者指的都是耶和華。

耶和華絕不允許人拜其他的神。然而，以色列人動輒將耶和華信仰拋諸腦後，禮拜異教之神，尤其是廣泛為人信仰的巴力神。

先知等人告訴以色列人，那樣的行為觸怒了神，導致以色列的衰敗和滅亡，他們便因此而反省。

但稍微弔以輕心立刻故態復萌、投向巴力神懷抱的以色列人的故事，通過舊約聖經一再為人講述。

與神立約所指為何？

一、我是你們的神，唯一且萬能。除了我以外，你們不能有別的神。
二、不可製造偶像。
三、不可妄稱神的名。
四、一週的第七天是安息日，不可勞動。
五、當尊敬父母。
六、不可殺人。
七、不可姦淫。
八、不可偷盜。
九、不可做假見證。
十、不可貪圖鄰人所有之物。

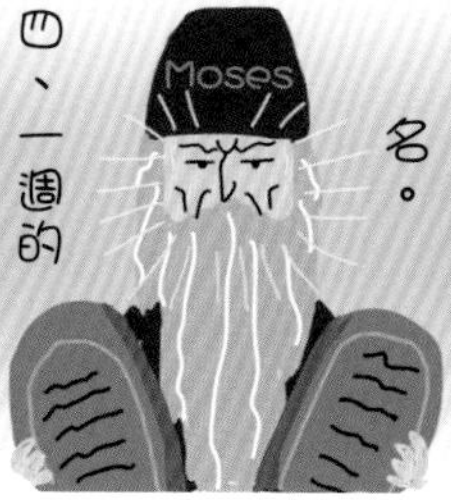
Moses

所謂「與神耶和華立約」，指的是以色列人承諾遵守神授予摩西的兩塊石板上記載的、以「十誡」為代表的「律法」。

既然與耶和華立約，遵守的話會如何，不遵守的話又會如何，舊約聖經的內容就是在講述這些。

所謂舊約代表「舊的契約」的意思。換句話說，這是基督教為了與記載關於救世主基督「與神的新契約之書（新約聖經）」做區別，所取的名稱。

希伯來人？以色列人？猶太人？

曾定居於迦南之地的亞伯拉罕的子孫
古代以色列人≠現代的以色列人
（紀元前1800年左右）
（擁有以色列國籍者）
十誡
猶太人
（紀元前586年以後）
迦南
（想像圖）
希伯來人
（紀元前2100年左右）
離散到世界各地以後
遊牧民族時代

「以色列人」及「猶太人」超過四千年以前就一直信奉唯一的神，分散到世界各地經過漫長歲月後，依然不忘自己是同一個民族。

他們反覆受到其他民族的迫害，尤其在第二次世界大戰中，經歷了空前未有的大屠殺。

然而，以神為中心的「以色列民族」的凝聚力非但未滅，反而在經歷嚴酷的時代後變得更加團結，戰後再度建立了以色列這個獨立的國家。

這是一支世界上獨一無二、非常特別的民族，首先從名稱來看就十分複雜。

現代所說的以色列人，指的是不分種族和宗教，擁有**以色列國籍**的人。而**所謂的猶太人，是指信奉猶太教的人及其後裔**（也就是說，不限於猶太教信徒）。

不過上述「以色列人」和「猶太人」的稱呼，在舊約聖經裡具有不同的意義。

在舊約聖經的年代，種族名稱會隨著居住地和時代而改變，非常複雜。

❶亞伯拉罕那個遊牧民族時代的人＝希伯來人

❷雅各的後裔、與神立約的人＝以色列人

❸巴比倫之囚回歸以後，在世界各地流離失所的猶太教徒＝猶太人

不過本書以簡明易懂為第一原則，所以將他們統稱為「以色列人」或「以色列民」。

舊約聖經概要

第1章 創世神話

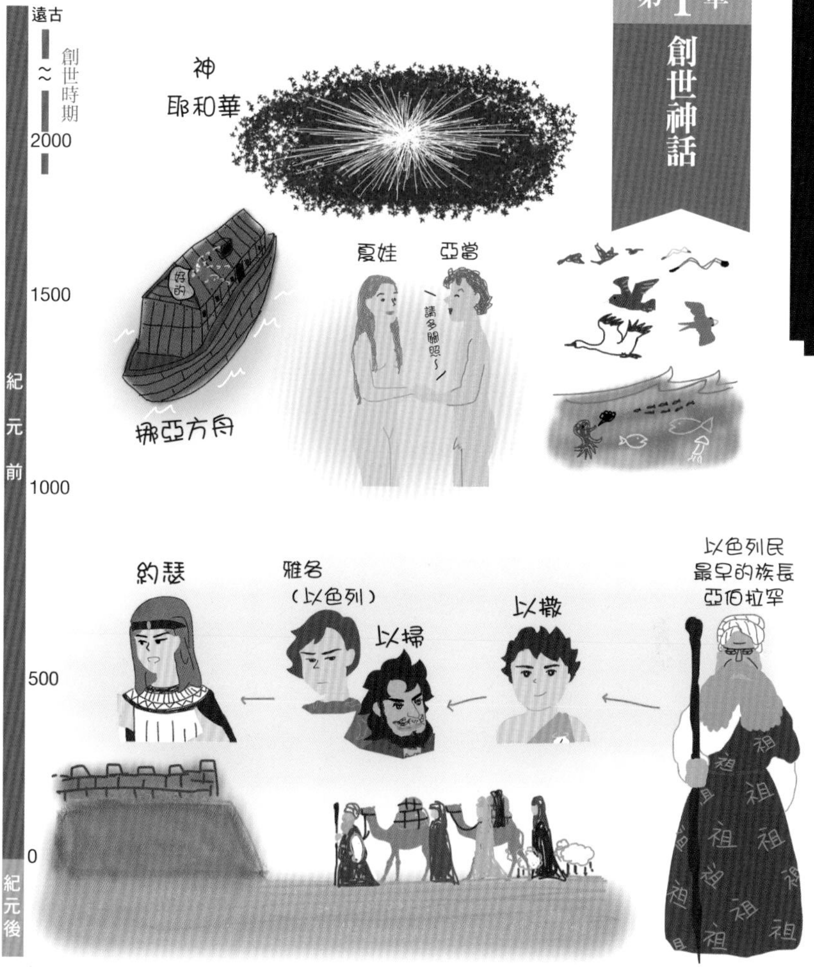

舊約聖經從世界的創造開始敘述起。天地被創造出來，亞當和夏娃誕生，後來被逐出伊甸園。

接著，以色列民族的祖先亞伯拉罕登場，以色列民族的歷史於焉展開。

紀元前兩千年左右、亞伯拉罕的時代，以色列人原本是帶著牲畜遷徙的遊牧民族。是神的一番話改變了他們。

「亞伯拉罕啊，去迦南吧，我要把這片土地賜給你的後人。」

亞伯拉罕遵照神的指示進入迦南之地，並且定居下來。後來他的兒子以撒、孫子雅各都一直居住在那裡。

不過到了曾孫約瑟的時代，迦南鬧了嚴重的饑荒，亞伯拉罕的後人於是遷移到埃及。

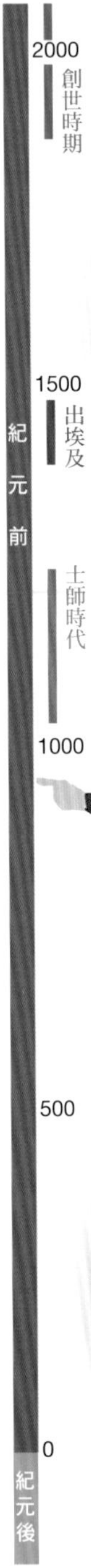
2000
創世時期
1500
出埃及
士師時代
1000
500
0
紀元前
紀元後

第2章 出埃及的故事

Moses
亞倫
摩西
少年摩西

這是紀元前十五世紀中葉所發生的事。

亞伯拉罕的後人在埃及以奴隸身分居住了四百年之後，有一天，從小被當成埃及王子撫養長大的摩西聽見神的聲音：

「離開埃及，回到應許之地！」

路途中，神授予摩西十誡，與以色列民締結契約。之後摩西率領的以色列民為前往迦南，進行了長達四十年的嚴酷旅程。

摩西死後，在接班人約書亞的帶領下，以色列民終於進入迦南美地。

約書亞

第3章 士師的故事

繼約書亞之後成為領袖，帶領以色列民的是被稱為士師的一群人。

士師指揮以色列民，與居住在迦南的民族及周邊民族作戰。士師的時代約持續三百五十年，在聖經中登場的士師共有十二位。

士師代表人物
參孫

2000
創世時期
1500
出埃及
士師時代
1000
王國時代
先知時代
500
0
紀元前
紀元後

第4章 以色列王國的故事

所羅門王
敵對
敵對
大衛VS歌利亞
撒母耳
掃羅
大衛

紀元前一〇四四年，以色列進入王國時代。

最後一位士師撒母耳任命掃羅為國王。

然而掃羅多次違背神的旨意，神於是厭棄掃羅，指名大衛為新的國王。

大衛成為無與倫比的名君，卻犯下不倫之罪。他痛改前非後所生的兒子所羅門，被譽為以色列歷代國王中最聰慧的君主，王國進入了極盛時期。

不過，賢王所羅門亦犯下異教崇拜之罪，因而觸怒了神。所羅門亡故後，王國便分裂為南、北兩個王國。

重建聖殿
太好了
啪啪啪
哇
哇
友弟德
遺憾……
先知耶利米
先知以利亞

第5章 先知時代的故事

紀元前九三一年以色列王國分裂成南北兩個王國。

之後，北邊的以色列王國和南邊的猶大王國分別被亞述帝國和新巴比倫王國所滅。在這艱困的時代是由一群先知負責傳遞神的旨意。

紀元前五三八年，波斯阿契美尼德王朝釋放被囚禁在巴比倫六十年的以色列人，讓他們返回耶路撒冷。

先知們向百姓預告彌賽亞（救世主）必將降臨，傳遞希望，預言至此中斷。

本書出場人物關係圖

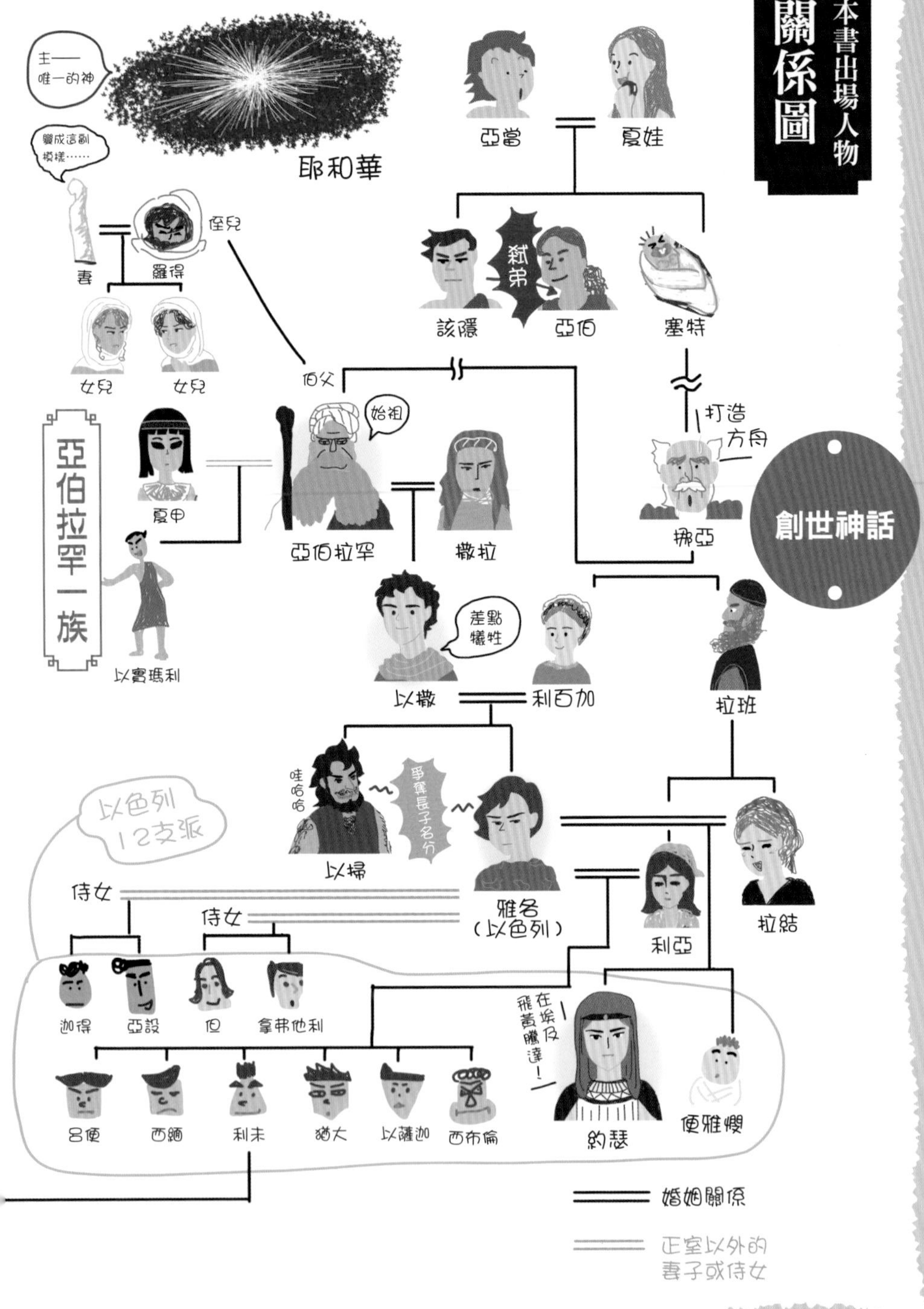
主——唯一的神
耶和華
變成這副模樣……
妻
羅得
姪兒
女兒
女兒
亞當
夏娃
該隱
弒弟
亞伯
塞特
打造方舟
挪亞
創世神話
伯父
始祖
亞伯拉罕一族
夏甲
亞伯拉罕
撒拉
以實瑪利
差點犧牲
以撒
利百加
拉班
哇哈哈
爭奪長子名分
以掃
雅各（以色列）
利亞
拉結
以色列12支派
侍女
侍女
迦得
亞設
但
拿弗他利
呂便
西緬
利未
猶大
以薩迦
西布倫
在埃及飛黃騰達！
約瑟
便雅憫
婚姻關係
正室以外的妻子或侍女

出埃及的故事

士師的故事

以色列王國的故事

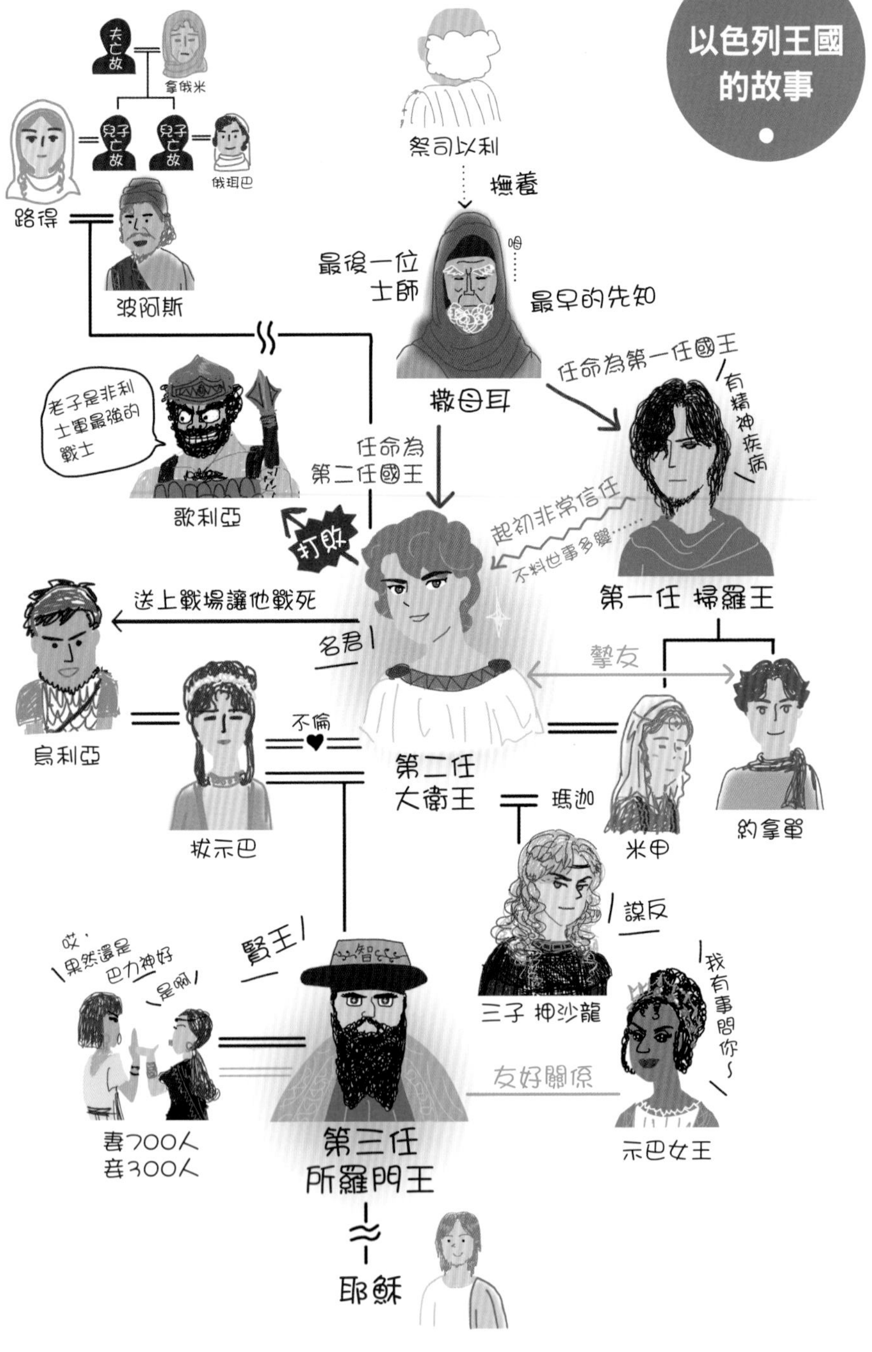
夫亡故
拿俄米
兒子亡故
兒子亡故
俄珥巴
路得
波阿斯
祭司以利
撫養
最後一位士師
最早的先知
撒母耳
任命為第一任國王
有精神疾病
任命為第二任國王
老子是非利士軍最強的戰士
歌利亞
打敗
起初非常信任
不料世事多變……
第一任 掃羅王
送上戰場讓他戰死
名君
烏利亞
摯友
不倫
第二任 大衛王
拔示巴
瑪迦
米甲
約拿單
謀反
三子 押沙龍
賢王
哎，果然還是巴力神好
是啊
妻700人
妾300人
第三任 所羅門王
友好關係
我有事問你~
示巴女王
耶穌

先知時代的故事

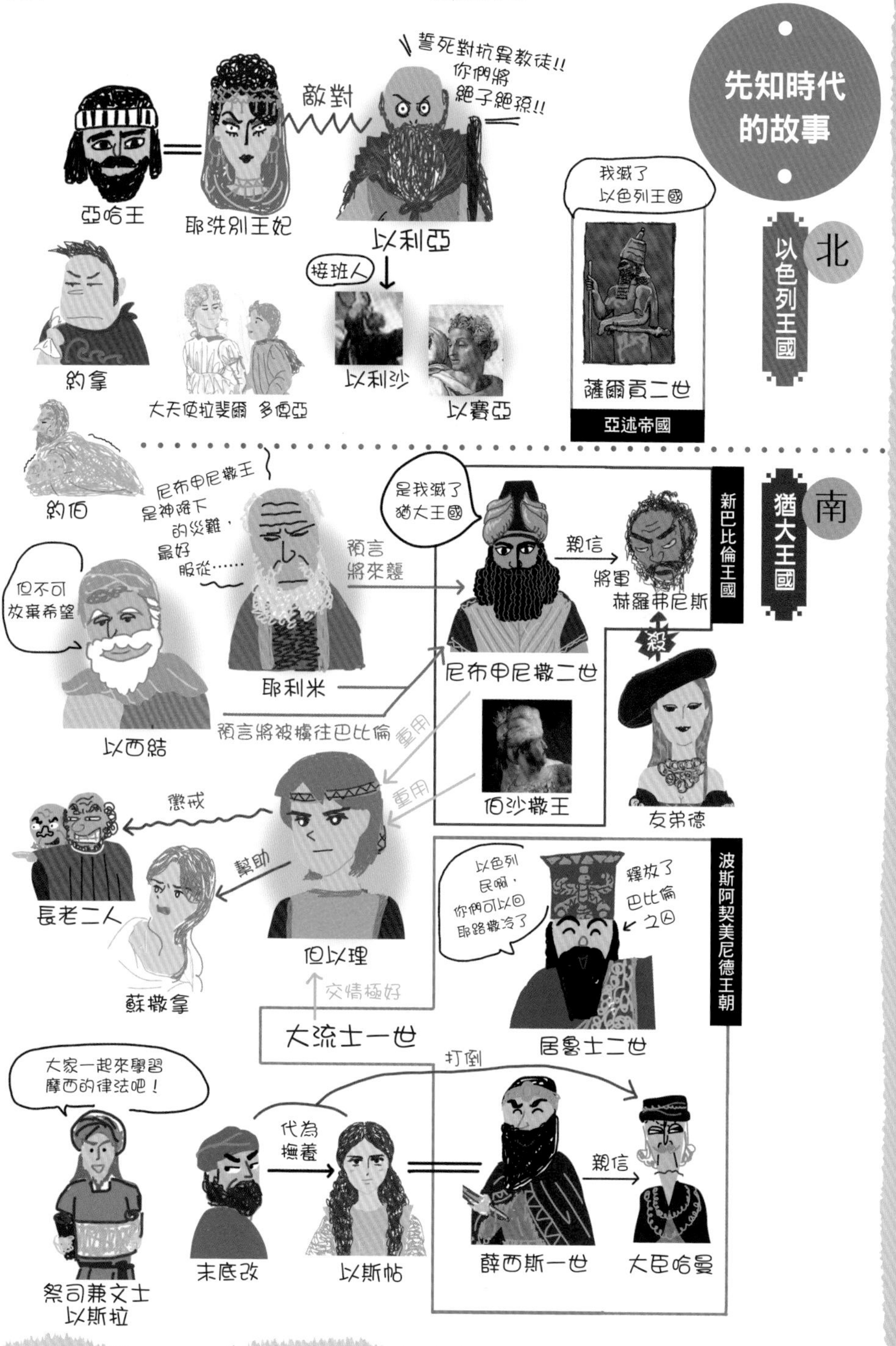

北
以色列王國
亞哈王
耶洗別王妃
敵對
誓死對抗異教徒!!
你們將
絕子絕孫!!
以利亞
接班人
以利沙
以賽亞
約拿
大天使拉斐爾 多俾亞
約伯
我滅了
以色列王國
薩爾貢二世
亞述帝國
南
猶大王國
新巴比倫王國
尼布甲尼撒王
是神降下
的災難，
最好
服從……
但不可
放棄希望
耶利米
預言
將來襲
預言將被擄往巴比倫
以西結
是我滅了
猶大王國
尼布甲尼撒二世
親信
將軍
赫羅弗尼斯
殺
友弟德
伯沙撒王
重用
重用
懲戒
長老二人
幫助
蘇撒拿
但以理
交情極好
大流士一世
波斯阿契美尼德王朝
以色列
民啊，
你們可以回
耶路撒冷了
釋放了
巴比倫
之囚
居魯士二世
大家一起來學習
摩西的律法吧！
祭司兼文士
以斯拉
末底改
代為
撫養
以斯帖
打倒
薛西斯一世
親信
大臣哈曼

舊約聖經的舞台

創世神話

亞拉拉特山
土耳其
找到以撒的妻子
利百加之地
哈蘭
雅各為母舅拉班工
作14年以上，娶
了利亞和拉結兩位
妻子
伊朗
敘利亞
約瑟被賣為奴
黎巴嫩
以撒差點
成為祭品的山
以色列
加利利湖
迦南
以掃原諒弟弟
摩利亞山？
死海
加薩
所多瑪？
羅得之妻
變成鹽柱
伊拉克
烏爾
約瑟與
家人重逢
約旦
孟菲
父親!!
絕對
不要回頭！
科威特
亞伯拉罕
前往迦南之路
西奈山
沙烏地阿拉伯
埃及

※灰色標示的是現代的國界和國名

出埃及、士師、以色列王國的故事

啊
大衛王打敗歌利亞
押沙龍喪命的森林
參孫將祕密
透露給大利拉
約書亞
「示劍之約」
迦南
加利利湖
示劍
耶利哥
大衛王、
所羅門王時代的首都
耶路撒冷
尼波山
摩西在此眺望迦南
大衛的
故鄉
伯利恆
死海
路得和
拿俄米
摩西
分開了紅海
孟菲斯
何珥山？
亞倫
死亡之地
摩西誕生
與法老交涉
點石出水
出埃及記中，
摩西等人行經的路線
紅
海
米甸
西奈山
摩西逃亡到米甸，
在米甸娶妻
摩西
被授予十誡
燃燒柴薪的
何烈山？
埃及

先知時代的故事

北邊的以色列王國人民
被迫遷徙的路線
底格里斯河
哈蘭
尼尼微
幼發拉底河
多俾亞的冒險
約拿被派往尼尼微，
告知危險將至
從耶路撒冷被帶往巴比倫的路線
以利亞VS亞哈王夫妻
友弟德取敵將首級
以斯帖
解救
以色列民
北邊的以色列王國
拿坐上船，
遇暴風雨
被亞述帝國滅亡
撒馬利亞
加利利湖
巴比倫之囚返鄉路線
耶路撒冷
巴比倫
書珊
但以理成為尼布甲尼撒王的重臣
死海
返回耶路撒冷，
重建聖殿
孟菲斯
被新巴比倫王國滅亡
耶利米、以西結等先知活躍
南邊的猶大王國
西奈山
亞述帝國領土
新巴比倫王國領土
波斯帝國阿契美尼德王朝領土

第1章

創世神話

神如何創造出這個世界？
最早的人類——
亞當與夏娃的故事；
挪亞方舟、巴別塔等軼事；
以色列人的祖先
亞伯拉罕及其後裔的故事。

世界的開端
創造天地

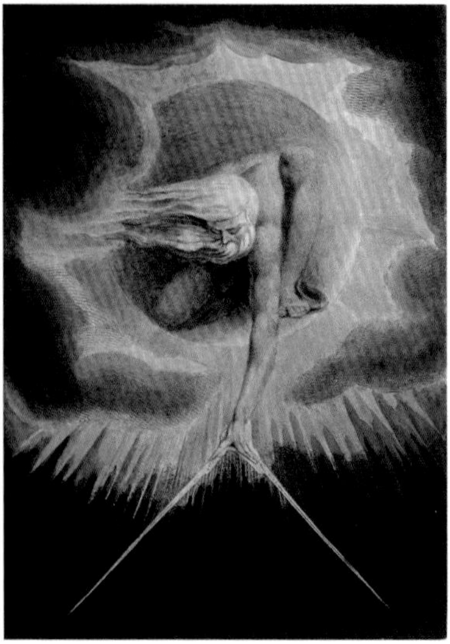

布萊克 「永恆之神」 1794年
惠特沃斯美術館 / 曼徹斯特

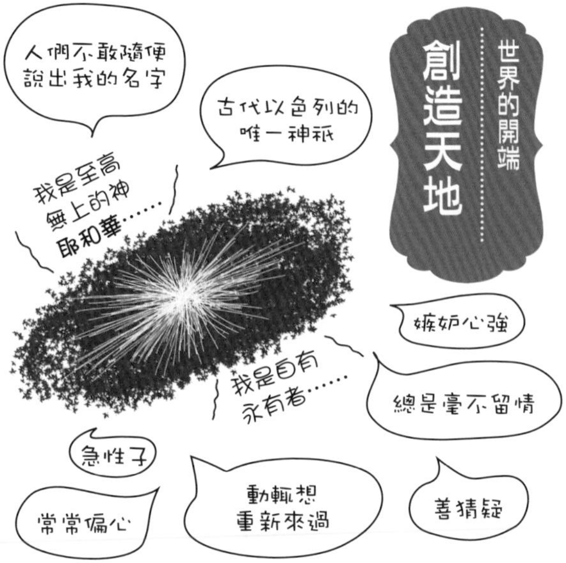

人們不敢隨便說出我的名字
古代以色列的唯一神祇
我是至高無上的神耶和華……
我是自有永有者……
嫉妒心強
總是毫不留情
急性子
常常偏心
動輒想重新來過
善猜疑

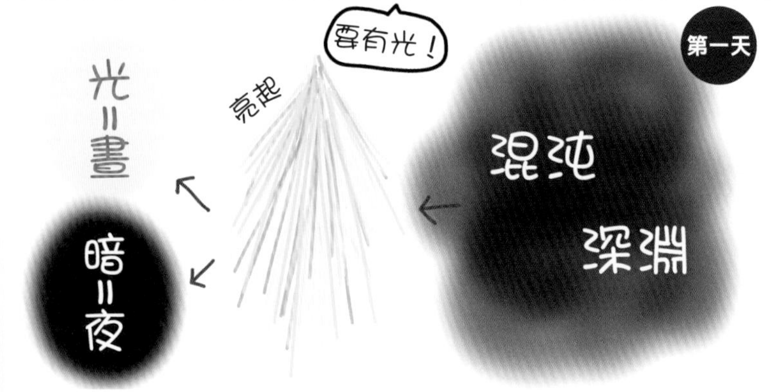

第一天
要有光！
亮起
混沌
深淵
光＝晝
暗＝夜

1 起初，神創造天地。然後使天地有光，稱光為晝、稱暗為夜。

第二天
天

2 第二天，神造穹蒼，稱為天。

第三天
大地呀，讓青草和會結實的果樹長出芽吧！
海洋
陸地

3 第三天，神將水匯集，分開陸地和海洋，並使植物萌芽。

4 第四天，神造日、月、星辰，使其治理晝夜。

米開朗基羅　「創造日、月、草木」　1511-12年
西斯汀教堂 / 梵蒂岡

5 第五天，神造水中的生物和天上的飛鳥，說：「多多滋長繁衍吧！」

丁托列多　「創造動物」　1550-53年
學院美術館 / 威尼斯

6 第六天，造地上的各種生物，用塵土造人。

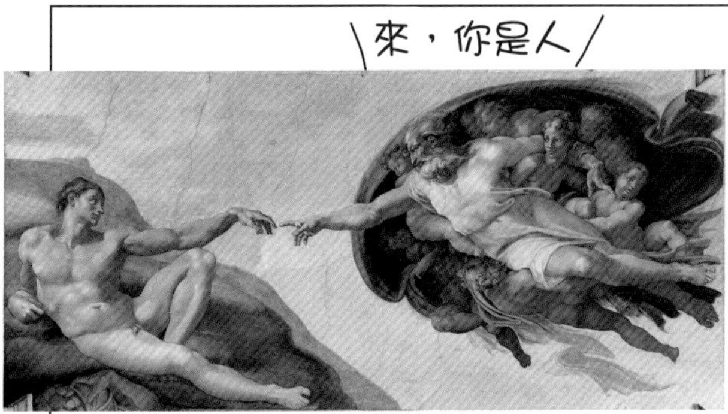

米開朗基羅　「創造亞當」　1510年　西斯汀教堂 / 梵蒂岡

第七天

第七天是安息日。

最早的人類 亞當與夏娃

用泥土（adama）塑造而成，所以叫亞當（Adam）

活到930歲

被逐出伊甸園後便一直穿著用皮縫製的衣服

夏娃代表生命的意思

用亞當的肋骨造成

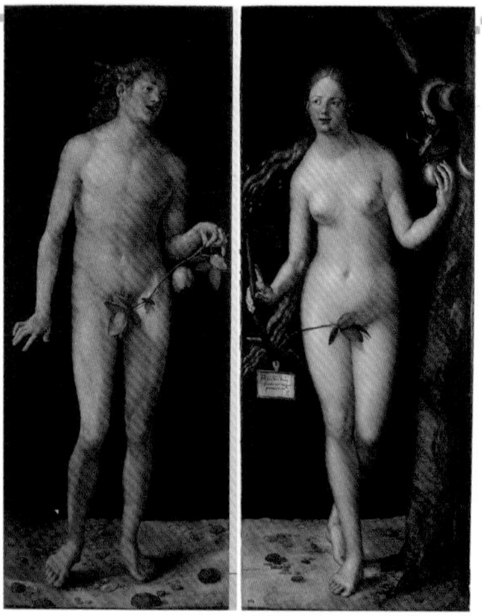

杜勒 「亞當與夏娃」 1507年
普拉多美術館 / 馬德里

1 神把亞當帶到伊甸園後告訴他：
你可以吃園裡任何樹上的果子，只有長在中央那株分別善惡的智慧樹的果子不能吃。吃了必死無疑。
神
好～
生命樹
分別善惡的智慧樹
流經伊甸園的河流分成4條流出
比遜河
基訓河
底格里斯河
幼發拉底河

2 神讓亞當為所有的生物取名字。
咩
羊
蝴蝶
嘿～
長頸鹿
鱷魚
pu～
你好！
鯨魚
獅子

3 神讓亞當睡著，取下他的一根肋骨造了女人。
神
孤單一個人不好，我要為他造個配偶，可以互相幫助。
呼～
zzz

4 兩人結為夫妻，在伊甸園過著幸福的生活。伊甸園是個永生的樂土。
～請多關照～

亞當與夏娃　各種傑出名畫

坦蕩蕩地赤身裸體的「亞當與夏娃」像，描繪的是偷嚐分別善惡的智慧樹之果前的樣子

蛇有著女人的臉蛋！

馬索利諾　「亞當與夏娃」
1424-25年　布蘭卡奇禮拜堂 / 佛羅倫斯

←超寫實的描繪

范・艾克　「亞當與夏娃」
（『神祕羔羊之愛』門扉部分）
1432年左右　聖巴蒙教堂 / 根特

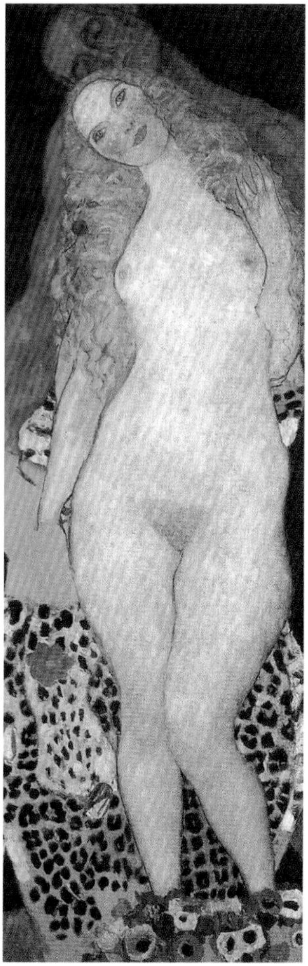

←夏娃完全是主角。亞當在背後……

克林姆　「亞當與夏娃」　1918年
奧地利美景宮美術館 / 維也納

雨果・凡・德・古斯　「人的墮落與救贖」　1470年左右
維也納藝術史博物館／維也納

這隻蛇是人還是爬蟲類？

原罪
逐出樂園

1
某天，蛇來到夏娃身旁，慫恿她吃禁果。
神有交代，唯有中央那棵樹的果子不能吃
吃了那果子絕對不會死。吃了它就會像神那樣知善惡！
妳被騙了
嘶～
神創造的田野生物中，最聰明的蛇

輕鬆的微笑
身上纏繞著蛇的死神，緊緊抓著夏娃

漢斯·巴爾東·格里恩
「夏娃、蛇與死」 1510-15年左右
加拿大國立美術館 / 渥太華

2
那果子看來實在可口，夏娃便摘下來吃，並勸亞當也吃。
分別善惡的智慧樹
非常好吃喔～
不要緊的！
是喔～那可以吃嗎？

3
大口咬下

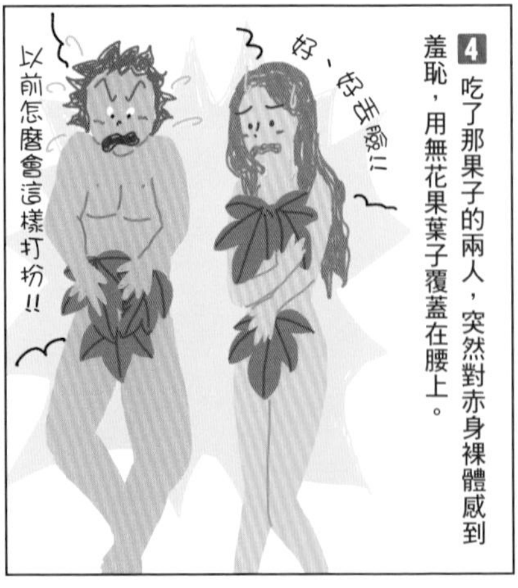
4
吃了那果子的兩人，突然對赤身裸體感到羞恥，用無花果葉子覆蓋在腰上。
好、好丟臉!!
以前怎麼會這樣打扮!!

5
神呼喚躲在樹蔭下的亞當並責問他：
亞當～～，你在哪裡？
我躲起來了。因為覺得沒穿衣服很丟臉……
什麼!! 你們吃了那果子是嗎!?

馬薩喬　「逐出樂園」　1424-25年
布蘭卡奇禮拜堂 / 佛羅倫斯

6 亞當和夏娃向神辯解。
因為女人摘來給我，我才吃的……
因為蛇騙我……
驚
還怪別人……
你們這兩個愚蠢的人！

7 神把兩人逐出伊甸園，然後奪走他們永生的機會，使男人必須透過勞動才能取得食物，並給予女人生產之苦。
你們有了智慧，可能也會吃生命樹的果子。我要把你們趕出伊甸園!!
蛇啊！你將受到比一切牲畜野獸更嚴厲的詛咒，終生在地上爬行、吃土！
神給兩人皮衣
步履蹣跚……
嗚~
分別善惡的智慧樹
生命樹
媽呀~ 對不起~

同時描繪受到蛇慫恿和逐出樂園的場面

蛇呈現女人的形象！

米開朗基羅　「原罪與逐出樂園」　1510年　西斯汀教堂 / 梵蒂岡

該隱與亞伯

人類史上第一起殺人事件

P25范・艾克的「亞當與夏娃」上方，
雕刻著有如暗示般的浮雕畫「該隱與亞伯」

ADAM
EVA

范・艾克　「該隱與亞伯」（『神祕羔羊之愛』門扉部分）　1432年左右　聖巴蒙教堂 / 根特

1 夏娃產下長子該隱。該隱以耕種為業。
兄
該隱
農耕派
2 夏娃接著產下次子亞伯。亞伯成為牧羊人。
弟
亞伯
牧羊派
乖、乖
咩~
咩~
3 該隱和亞伯各自向神獻上供物。
該隱獻上土地的收成
亞伯獻上羊群頭一胎生下的肥美羔羊
4 神只接受亞伯獻上的供物。
這邊我收下了
咻
棄之不顧……
什、什麼!?
太好了!

魯本斯　「該隱與亞伯」
1608-09年左右　可陶德學院畫廊／倫敦

5
震怒的該隱襲擊亞伯，將他殺害。
對付你這種人就要這樣!!
用力一擊

布格羅　「第一次悲痛」　1885-88年
阿根廷國立美術館／布宜諾斯艾利斯

6
神質問該隱，亞伯在哪裡。
你弟弟亞伯呢？
我不知道
我又不是弟弟的保母……
你說什麼
（神）

7
神將該隱驅逐到伊甸東邊的挪得（流浪）之地。
你會受到詛咒！
大地吸了你弟弟的血
將不再為你帶來收成。
你就在地上流浪吧！
神啊，我的罪太重，超過我所能承擔……。凡遇見我的人必將殺我……
不，殺你的人必遭7倍的報應……。

8
該隱在挪得之地繁衍後代。亞當和夏娃又生了一個兒子塞特。
伊甸之東
「挪得」
前面兩個兒子都不在了，能再生一個好開心……
哇啊～
塞特
活了912歲

人類重新開始 挪亞方舟

我用獨特的構圖完整描繪出大洪水的混亂景象，是嘔心瀝血之作
烏切羅

烏切羅　「大洪水」　15世紀中葉　聖母堂 / 佛羅倫斯

1 神開始後悔造出淨幹壞事的人類，決定消滅所有生物。

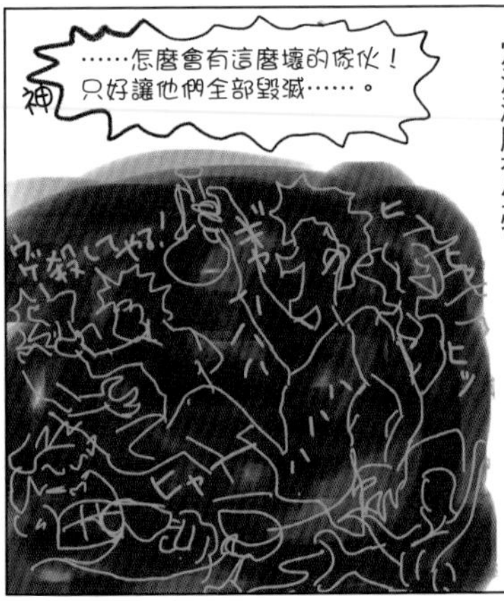
神
……怎麼會有這麼壞的傢伙！只好讓他們全部毀滅……。

2 不過，神指示唯一信仰神、純潔的人類挪亞做一件事。

什、什麼！
挪亞 這時已經 500 多歲
挪亞啊，你用歌斐木建造一艘方舟，並將你的宗人和所有動物帶上方舟吧。

3 挪亞按照神的指示去做。

愛德華·希克斯　「挪亞方舟」　1846年
費城美術館 / 賓州費城

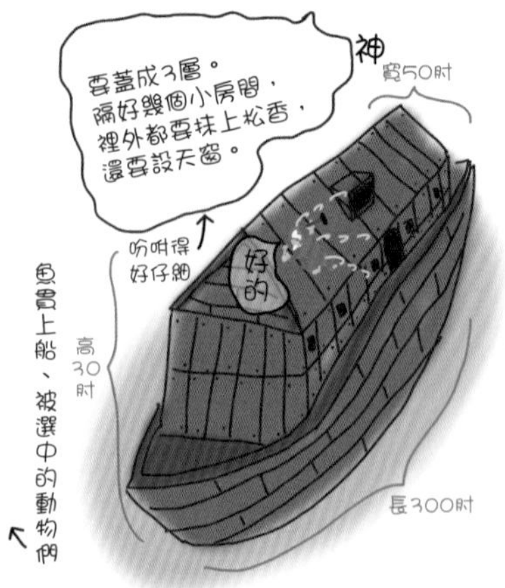
神
要蓋成3層。隔好幾個小房間，裡外都要抹上松香，還要設天窗。
寬50肘
吩咐得好仔細
好的
高30肘
長300肘
魚貫上船、被選中的動物們

※1肘長＝中指指尖到手肘的長度（約44.5cm）

4 神引發洪水。大雨連下四十天，過了一百五十天後水勢依然猛烈。所有生物滅絕，只剩下挪亞等人和船上的牲畜鳥獸。

拚命四處亂竄的人們

米開朗基羅　「大洪水」　1508-09年　西斯汀教堂 / 梵蒂岡

5 水終於開始退去，方舟最後停在亞拉拉特山的山頂上。挪亞放出鴿子，讓牠去尋覓陸地。

我出發了
拜託你了
亞拉拉特山

6 鴿子一度無功而返，待七天過後，挪亞再度放飛鴿子，這回牠叼著橄欖葉回來。

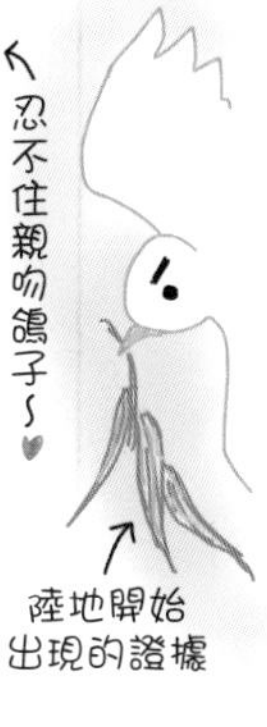
陸地開始出現的證據

忍不住親吻鴿子～

約翰 · 艾佛雷特 · 米萊　「鴿子飛回方舟」
1851年　阿什莫林博物館 / 牛津

7 神告訴挪亞可以走出方舟，並應許不會再用洪水摧毀大地。

滋長繁衍吧！讓大地充滿生命！我不會再用洪水摧毀一切。我會放一道彩虹，作為我與大地立約的記號。
挪亞的兒子們
閃
含
雅弗
遵命～

巴別塔

世界上出現各種不同語言的原因

彼得·勃魯蓋爾（父）　「巴別塔」　1563年　維也納藝術史博物館 / 維也納

←挪亞的後代寧錄王視察建造工程

1 世界上的人原本都使用同樣的語言。不料，從東方遷移到示拿平原定居的人們，展開了一項計畫。
對了！
我們來蓋一座能夠通天的高塔，藉此聲名遠播吧！
好極了！
不錯喔！

2 於是，人們開始建造高塔。
天空愈來愈近了！
再加把勁就到神的國度了～
喔！
簡單！
我們真厲害～
豈不跟神一樣了？
咚
咚
鏘
鏘

3
神看到這座塔後生氣地說：
他們可以自由地互相溝通、理解，
才會搞出這樣狂妄的計畫……。
我得立刻打亂（Balal）
他們的語言才行
喂～
再拿110塊
磚頭上來！
我這邊要
多一點柏油～
了解～
好的！

4
人們變得語言不通、分散於世界各地，高塔建設因而停擺。
打亂！
啪——
媽呀
聽不懂啦！
逃!!

各式各樣的巴別塔

勃魯蓋爾
還畫了另一張
「巴別塔」

這張可以清楚看到
工人和工具的細節

彼得．勃魯蓋爾（父）　「巴別塔」　1568年左右
博伊曼斯．范伯寧恩美術館／鹿特丹

→兩層樓的版本

作者不詳　「巴別塔」　14世紀

→方形的版本

作者不詳　「建造巴別塔」
（出自貝德福德公爵的時禱書）　1433年左右
大英圖書館／倫敦

以色列人第一位族長
亞伯拉罕

約瑟·摩那爾　「亞伯拉罕從烏爾到迦南之旅」
1850年　匈牙利國家美術館 / 布達佩斯

老夫是一族的始祖
受到神的啟示，把名字從亞伯蘭改為亞伯拉罕
帶著族人前往應許之地迦南
大約100歲時，兒子以撒出生
以色列民族最早的一位族長
住在烏爾時聽到神的聲音

1 有一天，亞伯拉罕聽見神的聲音。他於是聽從神的指示。
離開出生的故鄉，前往我指示的土地吧。
這時還叫「亞伯蘭」
是～遵命！

2 亞伯拉罕一行人來到迦南之地，但因鬧饑荒而逃難到埃及。
老婆啊，妳生得貌美，恐怕會被埃及人看上，他們會謀害我的命
拜託妳，就說妳是我妹妹
我知道了
妻子撒萊

3 但兩人的夫妻關係被揭穿，於是被趕出埃及。
娶撒萊為妻的法老
妳說是兄妹我才娶妳！結果卻在不知情的情況下奪人之妻，我豈不是要因此受罰而生什麼病嗎！馬上給我滾出埃及！
我們快逃吧
穿梆了 穿梆了
逃吧

4 亞伯拉罕決定與一直跟著他的侄兒羅得分道揚鑣，繼續前進。
我們現在已變成一個大家庭，就在此分道揚鑣吧！你可以選擇自己喜歡的方向走喔！
那我要往約旦河那邊去
往所多瑪和蛾摩拉的方向
往迦南的方向走
羅得

女奴夏甲和以實瑪利

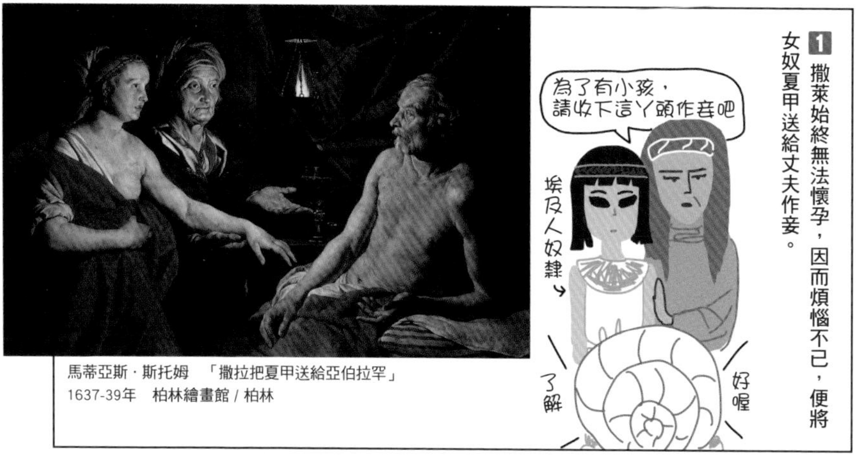

1 撒萊始終無法懷孕，因而煩惱不已，便將女奴夏甲送給丈夫作妾。
為了有小孩，請收下這丫頭作妾吧
埃及人奴隸
好喔
了解

馬蒂亞斯・斯托姆　「撒拉把夏甲送給亞伯拉罕」
1637-39年　柏林繪畫館 / 柏林

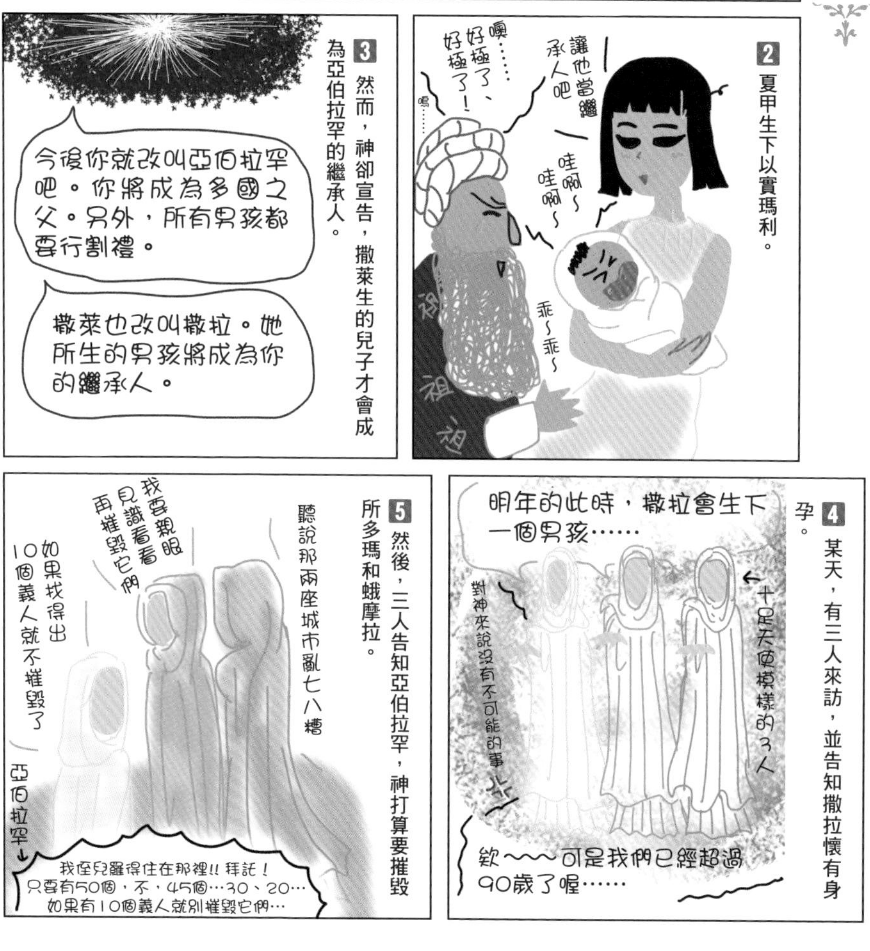

2 夏甲生下以實瑪利。
讓他當繼承人吧
噢……好極了、好極了！
嗚……
哇啊～哇啊～
乖～乖～
3 然而，神卻宣告，撒萊生的兒子才會成為亞伯拉罕的繼承人。
今後你就改叫亞伯拉罕吧。你將成為多國之父。另外，所有男孩都要行割禮。
撒萊也改叫撒拉。她所生的男孩將成為你的繼承人。
4 某天，有三人來訪，並告知撒拉懷有身孕。
明年的此時，撒拉會生下一個男孩……
十足天使模樣的3人
對神來說沒有不可能的事
欸～～～可是我們已經超過90歲了喔……
5 然後，三人告知亞伯拉罕，神打算要摧毀所多瑪和蛾摩拉。
聽說那兩座城市亂七八糟
我要親眼見識看看再摧毀它們
如果找得出10個義人就不摧毀了
亞伯拉罕
我侄兒羅得住在那裡!! 拜託！只要有50個，不，45個…30、20…如果有10個義人就別摧毀它們…

所多瑪和蛾摩拉

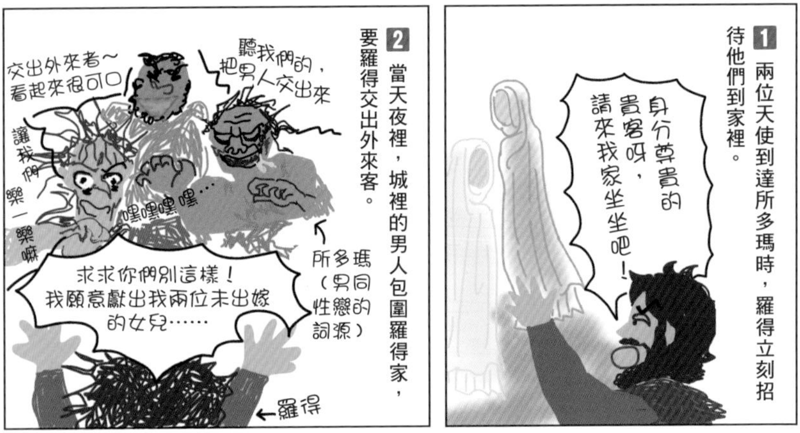

1 兩位天使到達所多瑪時，羅得立刻招待他們到家裡。
身分尊貴的貴客呀，請來我家坐坐吧！
2 當天夜裡，城裡的男人包圍羅得家，要羅得交出外來客。
聽我們的，把男人交出來
交出外來者～看起來很可口
讓我們樂一樂嘛
嘿嘿嘿嘿…
所多瑪（男同性戀的詞源）
求求你們別這樣！我願意獻出我兩位未出嫁的女兒……
←羅得

3 兩位天使認為，城裡連十個義人都沒有，便決定毀滅這座城。
我不要女人！給我男人！
媽呀
冷不防就弄瞎雙眼
噗滋
毫無量情減刑的餘地！
4 天使敦促羅得和其家人逃命。
羅得啊，其實是神派我們來摧毀所多瑪和蛾摩拉的。
我們是天使。你馬上帶著家人逃走吧，否則會遭池魚之殃。
什、什麼！
而且不准回頭看

5 所多瑪和蛾摩拉遭到毀滅。回頭看的羅得之妻變成了鹽柱。
變成鹽柱
羅得之妻→
絕對不要回頭～！
兩位女兒↓
哇—
羅得之妻

約翰・馬丁　「所多瑪與蛾摩拉的毀滅」　1852年
萊恩美術館／新堡（英國）

羅得與女兒們

1 羅得和兩個女兒住在山裡。有一天，姊姊向妹妹提出一個想法。
這一帶沒有男人可以跟我們結婚。為免血脈斷絕，只好向父親借種了
父親的年紀也大了……
是啊
那我們把父親灌醉以後，再取他的種
輪流，一人一天吧

2 於是女兒們輪流與父親同寢。

這個故事經常被描繪成，兩名年輕女子灌酒，還誘惑老男人的景象
葡萄酒
生米正變成熟飯的場面
燒得熾烈的所多瑪和蛾摩拉
變成鹽柱的羅得之妻
象徵狡猾的狐狸

亨德里克·霍爾奇尼斯　「羅得與他的女兒們」　1616年
阿姆斯特丹國家博物館 / 阿姆斯特丹

3 父親對女兒們的來去毫無知覺。不久，姊妹們就產下男兒。
嗯？
怎麼會有小嬰兒？
成功了耶～
對啊～
摩押人的始祖
亞捫人的始祖

拚命倒酒的女兒
酒還多得是!!

作者不詳（盧卡斯·范·萊頓派或安特衛普派）
「羅得與他的女兒們」　1520-30年　羅浮宮美術館 / 巴黎

以撒

熬過試煉的第二代

雖然很可怕，不過沒事！
差點被父親拿來獻祭
育有孿生兄弟以掃和雅各
直到最後都敬愛父親的孝子
妻子利百加也很賢慧

「以撒誕生，以實瑪利遭放逐」

1 亞伯拉罕的妻子撒拉，如神所言懷孕了，產下以撒。
神跟我開了個玩笑……
那就取名為「以撒」（＝歡笑）吧
一〇〇歲
照神的指示，施行割禮
祖

2 撒拉開始討厭之前為亞伯拉罕生子的夏甲和其子以實瑪利，她告訴亞伯拉罕：
繼承人是以撒!! 已經不需要他們了！
啊哈哈！你好小喔！
說什麼～
以實瑪利
以撒
好恐怖～
行了 行了

3 亞伯拉罕給夏甲母子麵包和水袋，打發兩人走。

霍勒斯・韋爾內　「夏甲被亞伯拉罕趕走」
1837年　南特美術館 / 南特

4 被趕出家門的夏甲母子，差點死在荒野中時，聽見天使的聲音。
夏甲啊，用不著害怕。起來緊緊抱住他吧！那孩子將成為大國之民。
瀕死
已經沒水了……我不忍心看著孩子死去……
成為阿拉伯民族的祖先
受到鼓舞的夏甲找到水井，兩人因而得救。

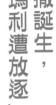

以撒獻祭

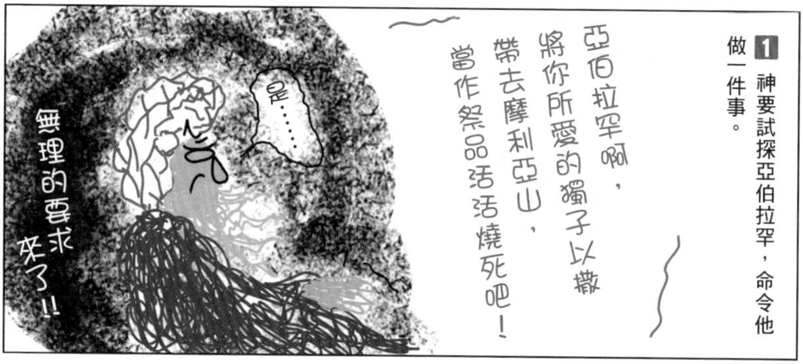
1 神要試探亞伯拉罕，命令他做一件事。
亞伯拉罕啊，將你所愛的獨子以撒帶去摩利亞山，當作祭品活活燒死吧！
是……
無理的要求來了!!

2 對亞伯拉罕來說，以撒是比自己的命還重要的繼承人，然而亞伯拉罕決心服從神的指示。
父親，您要去獻祭，是不是忘記帶祭品了？
以撒
不用擔心……
兒子啊……
嗚……

3 當亞伯拉罕準備刺向以撒的喉嚨時，天使降臨阻止了他。

好了！到此為止！

林布蘭　「以撒獻祭」　1635年
艾米塔吉博物館 / 聖彼得堡

4 神確信亞伯拉罕對祂的敬畏之心毫無虛假。
我祝福你，後代子孫多如天上的繁星、海邊的沙。
嗯？有人說了什麼嗎？
亞伯拉罕成為以色列、阿拉伯等多個民族的祖先
太好了，嚇死我了！
饒了我吧……呃，沒事……
軟趴趴

名畫眾多！
以撒獻祭

我用很少的動作，將這超戲劇化場面的緊張感表現到極致

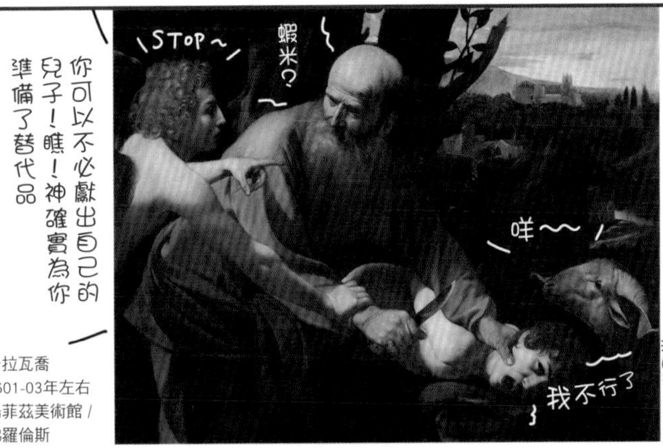
你可以不必獻出自己的兒子！瞧！神確實為你準備了替代品
STOP～
蝦米？
咩～～
我不行了

真佩服
我自己

卡拉瓦喬
1601-03年左右
烏菲茲美術館／佛羅倫斯

傳說中揭開文藝復興序幕的競賽，也選「以撒獻祭」作為主題

難分軒輊!!

是我讓他的。我的更富戲劇性、更出色，那還用說！

我贏了！因為我刻畫得細膩且技巧優美

布魯內萊斯基　1401年
巴傑羅美術館／佛羅倫斯

吉伯爾蒂　1401年
巴傑羅美術館／佛羅倫斯

以撒與利百加結婚

亞伯拉罕命僕人去自己的故鄉幫以撒物色一位適合的妻子，並帶回來。

僕人在亞伯拉罕故鄉哈蘭的水井邊遇見利百加，向她提親的場面

哎呀呀，談婚事嗎？
請務必答應!!
哎呀
不錯喔
會打翻喔！

尼古拉·普桑　「以利以謝與利百加」　1648年
羅浮宮美術館／巴黎

我也很樂意……
好出色的姑娘♥我會好好珍惜

僕人
雖然相當強人所難，幸好很順利

爭得長子名分依然荊棘滿布的人生

雅各（後來的以色列）

弟弟雅各（日後改名以色列）
學生兄弟
哥哥以掃
出生時抓著哥哥的腳（akebu），故取名為雅各（yakobu）
內向
聰明
得母親寵愛
擅長狩獵
啊哈哈
渾身毛茸茸
個性豪爽
受父親疼愛

抓著哥哥以掃的腳出生的雅各

1 以撒和利百加膝下始終無子，但以撒的禱告上達天聽，利百加終於懷孕。
痛、痛、痛、痛……肚子裡的小孩互相用力擠來擠去……
我會不會怎麼樣啊!?
利百加痛苦難當時，聽見神的聲音。
妳肚裡懷了兩國之民，正在相爭。哥哥必將服侍弟弟……。

2 後來真的生出一對雙胞胎。
喝啊
後出生的孩子抓著以掃的腳（akebu），於是取名為「雅各」（yakobu）
緊抓不放
哇啊
先出生的哥哥渾身通紅且毛茸茸的，取名「以掃」

※以掃又名以東，代表「紅」的意思。

雅各欺騙父親奪取長子名分

1 雖是孿生兄弟，但兩人一點也不像。有一天，狩獵本領高強的以掃餓著肚子回家。
以撒最愛吃以掃打到的獵物，所以很疼愛以掃
父
老是往外跑的長男
哎呀，不行了、不行了
肚子好餓～
好香啊～
利百加則疼愛穩重、聰明的雅各
母
歡迎回來……我煮了扁豆湯喔……
主要在帳篷附近勞動的次男
這時，雅各煮了一鍋美味的湯。以掃看到後……

2

以掃　弟弟啊，求你給我一碗吧！我好累喔！

雅各　給了你，你會把長子名分讓給我嗎？

斯托姆　「以掃和雅各」　1640年左右　艾米塔吉博物館 / 聖彼得堡

以掃　好啊，我快要餓死了！什麼長子名分，一點也不重要！

雅各　你要發誓。

以掃　我發誓、我發誓！

以掃就是如此輕視長子名分。

3 不久，年事已高、視力惡化的以撒決定要※祝福以掃。
我已經老了，不知道哪一天會死。以掃啊，你馬上去野地捕獵，做一道我愛吃的菜……。我吃了之後想給你祝福
好的！父親，我現在就去!!
利百加聽見兩人的對話。

※祝福即代表神的應許，是後代的繁榮、土地的繼承、全人類幸福的根源，絕對不可撤銷。

4 希望由雅各繼承戶長的利百加精心策劃，並教唆雅各要怎麼做。
再這樣下去，會是以掃受到祝福。雅各，你現在馬上去羊群裡抓兩隻小羊，我來料理
可、可是我的毛不多，被摸到也許就穿幫了……
咦……!?
光滑細嫩
這樣就沒問題了！
失敗的話，就由我來承擔詛咒！
要、要是失敗……
頸子和手臂裹上毛皮
以掃的禮服

5 父親以撒未識破利百加和雅各的詭計，給予雅各祝福。

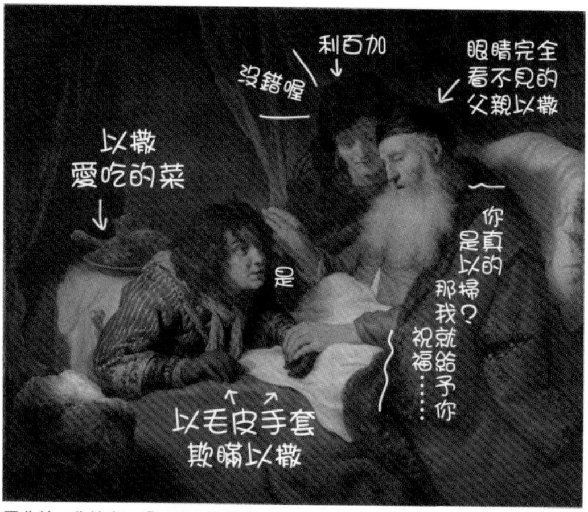
眼睛完全看不見的父親以撒
利百加
沒錯喔
以撒愛吃的菜
你真的是以掃？那我就給予你祝福……
是
以毛皮手套欺瞞以撒

霍弗特·弗林克　「以撒祝福雅各」　1638年
阿姆斯特丹國家博物館／阿姆斯特丹

6 雅各離去後，以掃立刻端著美味的菜餚前來接受祝福。
父親，讓您久等了!!
來吧！
祝福我吧！
什、什麼!? 我已給予祝福了!! 剛才那個人是誰？
以撒

7 得知被弟弟乘機搶先之後，以掃悲痛地大喊：
父親！也祝福我吧！難道祝福只有一個!?
對不起，以掃……我被騙了，祝福全都給了雅各……
你要服侍弟弟……
太過分了……

8 知道以掃怨恨極深的利百加，催促雅各逃亡。
我一定要宰了弟弟！
以掃
雅各，你先逃到母舅拉班那裡，等風頭過去!!
慌張
是……

雅各的梯子

雅各前往母舅拉班所在的哈蘭。某天晚上，他夢見一道通往天上的階梯，並聽見神的聲音。

枕石
唔…

布雷克　「雅各的夢」　1805年左右　大英博物館／倫敦

天使們上上下下
雅各啊，我是神。我要把你現在所在的土地送給你和你的子孫。你的子孫將會多如砂粒，擴散到各地。
主竟然出現在這裡……
多麼可畏的地方啊！這裡一定是通往天上的門戶，是神的家
將枕石當作紀念碑立起

利亞與拉結

1 平安到達哈蘭的雅各，初次見到拉班舅舅的女兒拉結。

戴斯　「雅各與拉結的相遇」　1850年
皇家藝術學院／倫敦

2 大約一個月後，拉班舅舅問雅各：「你為我工作希望得到什麼報酬？」

我願意免費為您工作7年，7年後請您把小女兒拉結嫁給我！
喔、喔……
拉班舅舅

3 雅各工作7年後舉行盛大的婚禮，不料新娘子竟是拉結的姊姊利亞。

洞房之夜的隔天早上
竟然騙我，太過分了！
……
咦!? 妳是姊姊利亞!? 不是拉結
虧我努力工作了7年

妹妹不能比姊姊早出嫁。如果你還想娶妹妹，就再工作7年吧！
請別見怪

雅各於是決定再工作7年。

4 雅各順利與拉結結婚。然而，姊姊利亞接連懷孕生子，最愛的妻子拉結卻始終無法生育。
利亞有了個小孩！
其他侍女也生了好幾個了……
太過分了！說什麼最愛我，而我卻一個小孩也生不出來！
這是沒辦法的事，別怪我呀……
5 但最後拉結總算成功受孕生子。那孩子被取名為約瑟。雅各於是決意帶著家人返回故鄉。
差不多該鼓起勇氣回去了……有兄長在的故鄉……
啊～太好了……
約瑟！怎麼這麼可愛!?
雅各的第11個兒子

與以掃重逢的準備

1 雅各朝著故鄉迦南前進，但卻很害怕面對兄長以掃的怒火。
傭人和家畜們
人數大增的家人一個個魚貫前進
我以前曾苛待哥哥……。哥哥現在肯定還懷恨在心……。不僅是我，說不定還會取我妻子和小孩的性命……
啊……好可怕……
2 雅各先派使者去問候以掃。不料使者回來如此報告：
以掃大人帶了400人朝我們的方向而來
什麼！他一定是打算攻打過來
不好了
3 嚇得發抖的雅各急著想對策，一會兒讓一行人和家畜等分成兩路，一會兒又準備禮物要送給以掃。
你見到哥哥要這麼說：「這是您的僕人雅各送您的禮物。」
好了，快去吧！
是、是！

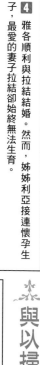

與神格鬥獲勝後改名以色列

那一晚，雅各三更半夜不知自己和什麼樣的對象打鬥了。而那個對象是神。

你不再是雅各，你叫做以色列。因為你與神格鬥贏了。
跟我打鬥的是誰啊!?
吁 吁 吁

德拉克拉瓦　「雅各與天使搏鬥」（局部）
1856-61年　聖敘爾比斯教堂 / 巴黎

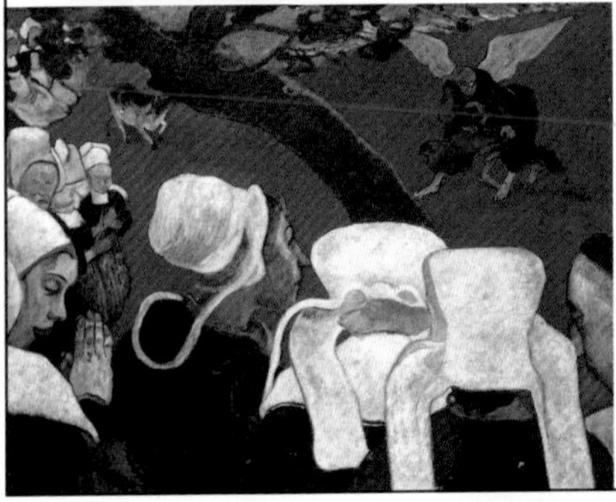

不知何故，這個主題有多幅名畫

高更　「說教後的幻影（雅各與天使搏鬥）」
1888年　蘇格蘭國家美術館 / 愛丁堡

跟以掃和解

1 帶著四百名隨行人員的以掃現身。雅各始終保持警戒，因恐懼而顫抖。

咚——
嘡——
啊……完了
他絕對會宰了我……
嗚~~

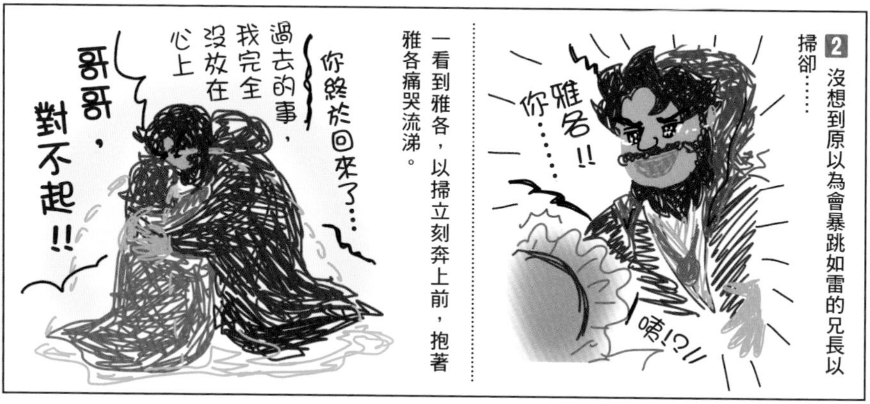
2 沒想到原以為會暴跳如雷的兄長以掃卻……
雅各!!
你……
噫!?!!
一看到雅各，以掃立刻奔上前，抱著雅各痛哭流涕。
你終於回來了……
過去的事，我完全沒放在心上
哥哥，對不起!!

海耶茲　「雅各與以掃的和解」　1844年　馬爾蒂內尼奧美術館 / 布雷西亞

舊約聖經中，最感動人心的場面!!

3 久別重逢，兩人都很開心。
弟弟啊，來的路上我收到許多禮物，其實你用不著這樣。我什麼都不缺。你的東西你就留著吧
別這樣說，哥哥，請你收下！
不必這樣費心！
然後，以掃便帶著隨行的人離去。
那我就收下了。
再會了，雅各！我們各走各的路吧！
瀟灑
哥哥…你也太帥了吧……

約瑟

排除逆境，在埃及力爭上游

以色列有
12個兒子（+1個女兒）
約瑟
便雅憫
迦得
亞設
但
拿弗他利
呂便
西緬
利未
猶大
以薩迦
西布倫
底拿
拉結生下便雅憫後不久便去世
母
利亞
拉結
利亞的侍女
拉結的侍女
約瑟
超級能幹
認真
有同情心
解夢專家
被兄長們賣為奴隸
深得法老喜愛而發跡，最後當上宰相
不因逆境而灰心喪志

披露自己的夢招來兄長反感

1 以色列（雅各）最疼摯愛的拉結所生的兒子約瑟。有一天，約瑟把自己的夢告訴兄長……

只有我那一束立著，哥哥們的全倒伏在四周！
哇！
17歲
挺立
啪嗒
聽我說

兄長們忿忿不平，愈來愈厭惡約瑟。

什麼！我們全拜倒在你面前!?

2 約瑟又做了一個夢，這回他不只告訴兄長，還告訴父親。

這次啊
哇!! 不只是星星，連太陽和月亮都拜倒在地！

父親斥責約瑟。兄長也更加憎恨約瑟了。

兄長們
意思是，你會成為我們的王嗎!?
約瑟……這是什麼意思？
你的意思是，我和你母親、哥哥也都向你拜倒嗎？
咦？我說錯話了嗎？

被兄長們賣為奴隸

1 兄長們去追羊群，以色列要約瑟去看看兄長的情況。
可愛的約瑟啊，你去幫我看看哥哥們吧
來，穿上新的外套
好的
2 兄長們看見約瑟走來，開始說起要不要殺了約瑟。
喂！做夢的那小子來了
又穿新衣服
真是氣人！我要宰了他！
好喔
咦!?
3 不過，兄長們畢竟下不了手，因此決定把他扔進洞穴裡。
長男 呂便
我待會兒再救他出來……
嘿咻
哇
4 接著，他們把他賣給路過的埃及商隊作奴隸。
猶大
把他拿去賣錢！
賣給那些商人吧，扔在洞穴裡也沒有任何好處
呃……總比被殺了好
說得也是，就這麼做！
呂便

5 父親以色列拿到約瑟的血衣，以為心愛的兒子死了，悲嘆不已。
這、這是約瑟的衣服……那孩子被野獸吃掉了……。
啊—約瑟~

忙著算錢的兄長們
被剝光衣服賣掉、可憐的約瑟
將家畜的血沾上約瑟的衣服、企圖掩蓋罪行的兄長們

奧韋爾貝克 「被出賣的約瑟」 1816-17年
柏林國立美術館／柏林

波堤乏之妻的誘惑

1 約瑟被帶到埃及後，賣給了法老的侍衛長波堤乏。
全都記在帳簿上了
神與他同在，所以萬事順遂
哎呀，你真能幹
波堤乏
交給你辦之後，一切都變得很順利。我現在只需要操心三餐要吃什麼。
約瑟的工作表現出色，因此備受波堤乏信任，還把家務和財產全部交由他管理。

2 約瑟長相俊美，身材又好，被波堤乏的妻子看中了。
美男子喔～

3 她每天向約瑟示愛，約瑟堅絕不接受。
來！到我的床上吧！
荒唐！怎能這麼做！
匆忙走避

4 有一天，約瑟為了工作進到屋裡，波堤乏的妻子想要趁家裡沒人，強迫約瑟與她同寢。
Come on！
好了，趁現在來吧！
揪
我的媽呀～
這麼蠻幹的歐巴桑！

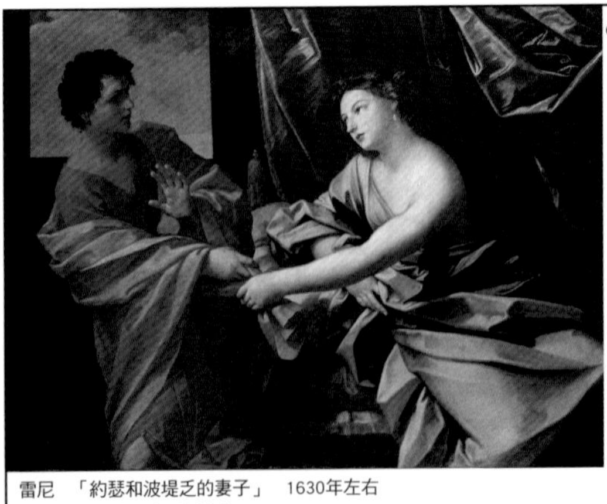

雷尼 「約瑟和波堤乏的妻子」 1630年左右
保羅・蓋蒂博物館／洛杉磯

5 約瑟留下衣服往外逃。
逃得還算優雅的約瑟
約瑟逃走後，波提乏的妻子大聲尖叫，讓家裡人都聽到。
既然如此……
竟敢讓我丟臉!!
呀
6 而且，丈夫一回家她馬上這麼說：
那個以色列奴隸來我房裡想要欺負我!! 我大喊，他才扔下衣服落荒而逃!!
有衣服為證！相信我！
嗯、嗯，我知道了。不過，真的是約瑟嗎？
7 波提乏一怒之下把約瑟關進監牢，牢裡同時也關著王的囚犯。
怎麼會這樣……
這一定也是神對我的試煉……
8 不過，約瑟在監獄中同樣贏得監獄長的信任，獄中事務全都交給他處理。
太能幹了……一切都交給他辦吧
啊，約瑟，你幫我看一下
怎麼啦？

奧拉齊奧·真蒂萊斯基　「約瑟和波提乏的妻子」
1626-30年左右　漢普敦宮 / 倫敦

林布蘭　「波提乏之妻告發約瑟」　1655年
柏林繪畫美術館 / 柏林

因解夢而受到認可的約瑟

1 有一天，約瑟幫兩個人解夢。他們原是法老的侍從長和御廚，如今身陷囹圄。

①夢裡出現一株葡萄藤，有3條分枝……
②轉眼間長出果實來
③我於是爬了上去
④把它獻給法老
侍從長
3天後你將恢復原職。倘若我說中了，請你把我的事告訴法老，放我出獄
①我的頭上頂著3只編織籃，裡頭裝著為法老而做的菜餚……
②鳥飛來啄食菜餚
嘎
嘎
御廚
3天後你將被吊在樹上，烏鴉會來啄食你的肉
結果三天後，約瑟所說的事全部應驗了。但得救的侍從長卻忘了與約瑟的約定。

2 過了兩年，法老做了一個讓他非常不安的夢，並從復職的侍從長那裡聽說約瑟會解夢的事，於是把他找來。

① 夢裡，我站在尼羅河畔，突然……
一頭接著一頭
有7頭肥碩的母牛走上岸來
沙
沙
在那之後又有7頭非常瘦弱的母牛上岸來，把肥碩的母牛全部吃光
卡滋
①另一個夢裡，出現7束飽滿的麥穗。
②可是被後來長出的7束乾癟癟的麥穗吞食掉。

3 約瑟為法老解夢。

7頭肥碩的牛
7束飽滿的麥穗＝
連續7年豐收
在那之後
7頭瘦弱的牛
7束乾癟的麥穗
＝
連續7年饑荒
即將到來的意思
兩個夢代表同樣的意義。
歷經千錘百煉就是為了在法老面前解夢
我建議法老立即挑選一位聰明的人，派他治理國家，在7個豐年之間盡可能蓄積糧食，以應付之後的饑荒。這麼做應該就能避免國家滅亡。
你不是泛泛之輩吧!?
不，是神告訴我的

4
法老對約瑟的解夢十分佩服，決定任命約瑟為埃及的宰相。
哪裡還找得到如你這般聰明而有智慧的人！我即刻任命你為宮廷的負責人
我只要仍位居王位，地位便在你之上
來，我把戒指和金項鍊賜給你
30歲
什麼
5
後來，一切都如約瑟所言。不過，約瑟的施政奏了效，埃及成功地度過饑荒。
世界各地皆受饑荒波及，糧食短缺國家的人民開始向埃及購買穀物。

終於與家人和好

1
約瑟的父親和兄弟所居住的迦南地區也遭受饑荒侵襲。兄長們來到埃及購買穀物。
父親 以色列
么弟 便雅憫 兩個人留守
路上小心喔~
我們出發了
2
約瑟馬上就認出兄長們，故意懷疑他們是奸細。
你們肯定是奸細!!若想證明你們不是，就留下人質，把么弟帶過來!!
啊，是哥哥們!!
沒認出我來……
媽呀~
絕對沒有的事
3
被關進牢裡的兄長們，都認為這是神在懲罰他們。
在牢房外偷聽
我們是因為約瑟的事而受罰。當初弟弟向我們求救，我們卻充耳不聞。我們害他吃了那麼多苦，最後還……。
嗚……
哥哥們後悔對我做過的事……
對呀……
嗯……
4
兄長們先返回故鄉，說服悲傷的父親，再帶著么弟便雅憫回到埃及。
大家~
一定要平安回來呀~
←便雅憫

5 約瑟設宴款待帶著便雅憫回來的兄長們。

真高興你們回來!來,請用,不必客氣
便雅憫
好豐盛
哇~
約瑟讓人把銀杯放進便雅憫的行李中

6 隔天,兄長們出發回故鄉。不料,在路上接受檢查時,便雅憫行李中的銀杯被發現了。兄長猶大懇求約瑟,願意代替便雅憫留下來當奴隸。

請您務必饒恕便雅憫!不能再從父親身邊奪走他心愛的兒子了。以前父親曾經失去最愛的兒子。不能再讓他傷心……。我懇求您!!
猶大
要當奴隸就讓我來吧!

7 兄長努力保護便雅憫的身影,讓約瑟再也無法佯裝鎮定,終於表明自己的身分。

哥哥們,我是約瑟。
你們不必再為過去對我做的事而懊悔。那是神的安排。為了救大家的命,神才會派我來埃及!!
約、約瑟!?你還活著!!

約瑟和兄弟們相擁而泣。

柯內留斯 「約瑟與兄弟們重逢」 1816-17年
柏林國立美術館 / 柏林

8 約瑟把家人全接到埃及後,立刻去見父親。他一見到父親便奔上前,摟住父親的脖子,哭了好一會兒。

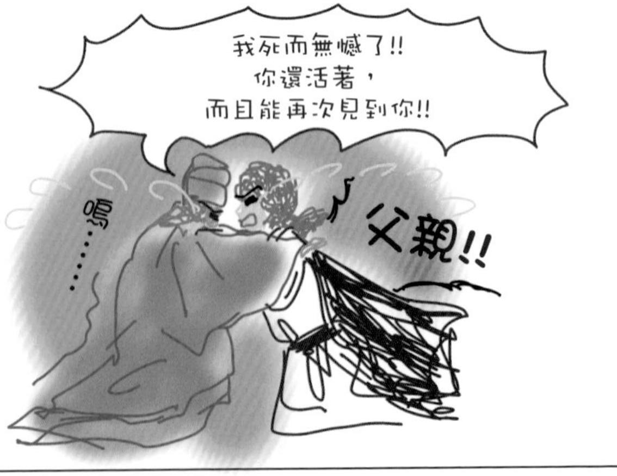

我死而無憾了!! 你還活著,而且能再次見到你!!
嗚……
父親!!

後來,一家人在法老的特別安置下,過著幸福的生活,以色列在埃及嚥下最後一口氣。

第2章

出埃及的故事

摩西率領淪為奴隸的
以色列民逃離埃及，
朝應許之地迦南前進的故事。
途中領受十誡、
與神立約的情節尤其重要。

舊約聖經中最精采的場面到來
摩西與兄長亞倫

米開朗基羅　「摩西」
1513-42年　聖伯多祿鎖鏈堂 / 羅馬

啊？你說什麼？你不說大聲一點的話，別人什麼也聽不到喔～
呼嚕呼嚕
我說……
Moses
被當作埃及王子撫養長大
聽見神啟，再（透過亞倫）轉告眾民的摩西
非常笨嘴拙舌
口才很好的哥哥亞倫
聽弟弟說，然後轉告眾民
不過，眼看夙願即將達成卻……
帶著以色列民逃離埃及，前往迦南

摩西坎坷的成長過程

1 距離約瑟統治時期已過了四百年。埃及王對不斷增加的以色列人課以繁重的勞役，加以虐待。

這些人增加太快了！要讓他們幹粗重的活！
喂！認真點吶！

2 即使如此，以色列人依然持續增加，氣惱的法老命令奶媽，只要有以色列的男孩出生就全部處死。

這幫人真是頑強！既然如此，只好趁他們還在襁褓中就幹掉!!
啊，女醫可以讓他們活命
驚～～
敬畏神的兩位奶媽
不過奶媽們找藉口搪塞，救下男嬰們的性命。
莫非你們完全沒有遵照我的指示去做？
我們趕到時，大家都已順利生完
因為您說……
以色列女醫沒關係……
也把小嬰兒藏起來了～
妳～說～什～麼～

3 摩西就在這樣的狀況下出生。不過，他的父母判斷再也藏不住，便把摩西遺棄在尼羅河畔。
啊、啊…
哭這麼大聲會被發現
嗚哇啊啊啊啊
姊姊米利暗
哥哥亞倫
摩西

4 姊姊米利暗不放心，在一旁守護著摩西。這時，埃及的公主撿起摩西。
太好了
好可愛的嬰兒

他長得好可愛，當作我的小孩來撫養吧
可是沒有奶水，怎麼辦呢？
這孩子是以色列人的小孩耶

普桑　「從水中救出摩西」
1638年　羅浮宮美術館／巴黎

5 看到這一幕的米利暗跑到公主面前，提出一個建議。
竄出
等等！我知道有個人很適合當奶媽!!
哎呀，太好了。那就暫時交給那位奶媽照顧吧

6 就這樣，摩西斷奶前是由生母照顧，之後才以公主之子的身分（埃及王子）在宮廷裡長大。
歡迎回家!!
我們可以再多相處一陣子了
因為是我從河裡撈起的
就叫摩西（拉起之意）吧
以埃及王子的身分健康地成長！

摩西殺人與逃亡

1 有一天，摩西看到同胞以色列人受到虐待、被迫勞動。

啊
喂！好好幹活！
哇～
啪

2 憤慨的摩西打死身為埃及人的督工。

竟敢如此
對我的同胞!!
揁
唔哇啊……

他把屍體埋在沙裡藏起來。

3 隔天東窗事發，摩西不得不逃亡。

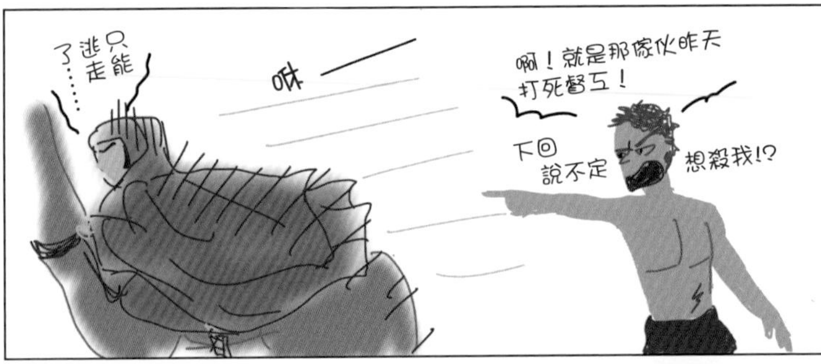

啊！就是那傢伙昨天打死督工！
下回說不定想殺我!?
咻
只能逃走了……

4 摩西逃到米甸，在一處水井邊見到一群女孩與男人們發生糾紛，出手相救。

天哪！感覺變成大亂鬥了!!
媽呀！需要搞成這樣嗎？
我宰了你！
摩西這人的脾氣相當衝動!?

菲奧倫蒂諾　「摩西保護葉特羅的女兒們」
1523年左右　烏菲茲美術館／佛羅倫斯

摩西在米甸留下來，與自己出手相救的女孩結婚，並成為牧羊人，過著平穩的生活直到四十歲。

至今為止
我一直在各地逃亡
這裡應該安全吧……？
變得非常沉默寡言

燃燒的柴薪、摩西的召命

弗蒙「燃燒的柴薪」1476年 聖索維爾大教堂／普羅旺斯艾克斯

1 有一天，摩西追著羊群來到神的山「何烈山」。然後他開始聽見神的聲音。
哎呀！這些柴薪為什麼燒不盡呢!?
一直燒一直燒
劈哩
啪啦
劈哩
脫下鞋子，摩西。率領以色列的子民逃出埃及，前往應許之地迦南吧！

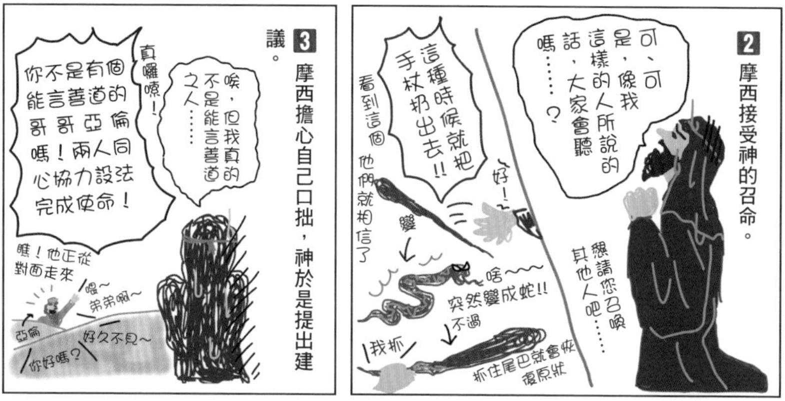
2 摩西接受神的召命。
可、可是，像我這樣的人所說的話，大家會聽嗎……？
懇請您召喚其他人吧……
這種時候就把手杖扔出去!!
好！
看到這個他們就相信了
變
嘶~~~
突然變成蛇!!
不過
我抓
抓住尾巴就會恢復原狀
3 摩西擔心自己口拙，神於是提出建議。
唉，但我真的不是能言善道之人……
真囉嗦！
你不是有個能言善道的哥哥亞倫嗎！兩人同心協力設法完成使命！
瞧！他正從對面走來
喔~弟弟啊~
亞倫
好久不見~
你好嗎？

右邊是摩西，左邊是亞倫

出自十八世紀希伯來文聖經的插畫

與埃及王交涉

1 摩西和亞倫謁見法老，請求法老釋放以色列民。

為了連續3天在荒野拜祭以色列的神，請您釋放以色列人
神這樣告訴我弟弟
什麼？
我幹麼非得乖乖聽你們的話、釋放奴隸不可？
呼嚕呼嚕
否則這個國家將遭遇重大災難……
摩西說
Moses
83歲
80歲

2 摩西兩人為了讓法老相信神的存在，在法老面前顯神蹟……

請您仔細看！
扔
變
我是蛇喔～
哇哈哈哈!!
這種哄小孩的把戲，我的魔術師也會！

3 別說是釋放了，法老反而讓以色列民從事更繁重的勞務。

蠢蛋!!
今後連製作磚塊的原料稻草也由你們負責張羅！而且產量要和以前一樣！
媽呀～
沮喪…

4 結果，一如神的預告，無數災難降臨埃及。

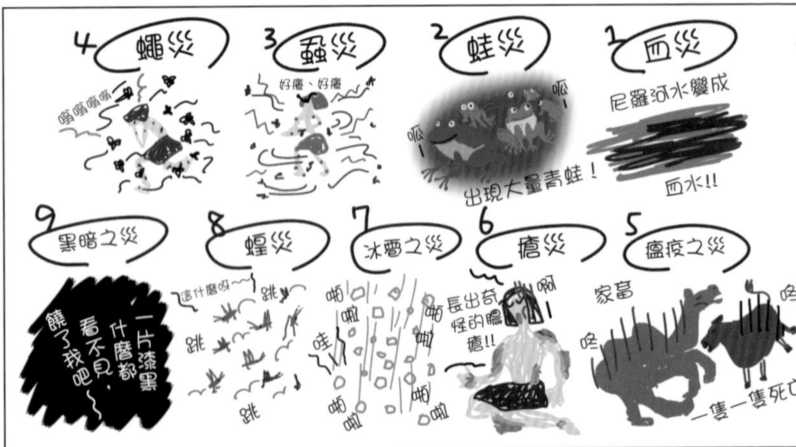
1 血災
尼羅河水變成
血水!!
2 蛙災
呱
呱
出現大量青蛙！
3 蝨災
好癢、好癢
4 蠅災
嗡嗡嗡嗡
5 瘟疫之災
家畜
咚
咚
一隻一隻死亡
6 瘡災
啊
長出奇怪的膿瘡!!
7 冰雹之災
啪啦
啪啦
啪啦
哇
啪啦
啪啦
8 蝗災
這什麼呀～
跳
跳
跳
9 黑暗之災
一片漆黑
什麼都看不見，
饒了我吧～

出埃及

1 接著，神降下最後一個災難。就是讓埃及國內所有人家的長子都死亡。
以色列的子民啊！這個月10號請準備一頭小羊，14號宰殺，將牠的血塗抹在家門口的柱子和門楣上。否則，所有家中的長子都會死
呼嚕呼嚕
還要製作不添加酵母的麵包，持續吃7天
然後收拾好行囊，準備踏上旅程
什麼！這可不得了!!
死神會跳過這麼做的人家……
2 如神所言，埃及所有長子，包括法老的兒子和家畜的頭胎全部斷了氣。
為什麼我的小孩會……
為何?!
不、不會吧……
3 法老終於屈服，釋放以色列民。
馬上給我滾出去！財產也賞你們，趕快給我滾出這個國家!!
4 以色列民帶著自己全部的財產和戰利品從埃及出發。不過，法老不久便改變主意，派兵追捕。
埃及大軍
嗯?後頭好像有什麼追來
躂躂躂躂……
光是壯丁就有60萬人
我沒想過自己有生之年可以獲得自由
真的！全拜摩西大人所賜！
5 以色列民因為害怕，開始後悔離開埃及了。
還是無法饒恕
躂躂躂躂
欸，我說，那麼一大批人追上來要幹麼？我們明明在埃及過得好好的，是被你慫恿才會離開！
這肯定不妙，代誌大條了是吧？
神會救我們的，不用害怕……

6 前面是汪洋，後面有埃及大軍逼近，可說是窮途末路！這時摩西朝大海伸出手，接著……
海水左右分開，讓出乾涸的通道！

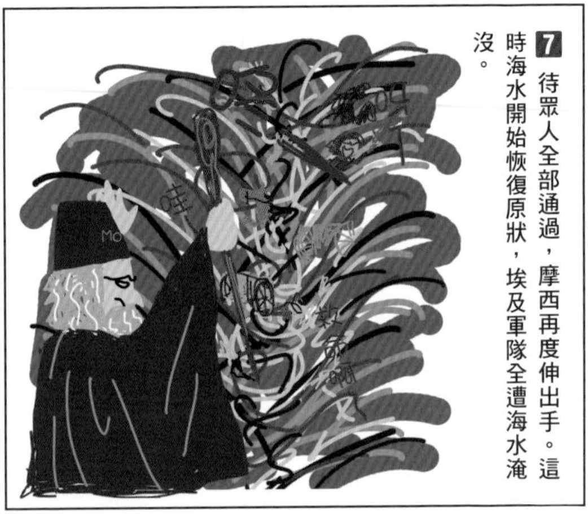
7 待眾人全部通過，摩西再度伸出手。這時海水開始恢復原狀，埃及軍隊全遭海水淹沒。

8 摩西一行人歌舞歡唱地讚美神。然後再度啟程前往應許之地。
唱歌吧
跳舞吧
太棒了！
好了，走吧。前往流著奶和蜜的迦南之地……
不過弟弟呀，真有你的！

被海水淹沒的埃及軍隊
全部通過後安心的摩西一行人

吉爾蘭戴歐或科西莫·羅塞利　「橫渡紅海」　1481-82年　西斯汀教堂 / 梵蒂岡

前往迦南的艱辛旅途

1 真正的苦難才要開始。百姓為飢渴所苦，紛紛向摩西抱怨。
待在埃及比現在好多了
對啊，那時候明明可以弄到滿鍋的肉和讓人吃得飽飽的麵包
喂，你們是想餓死我們嗎!?
一直抱怨不停
真是的
百姓不就是這樣……

2 沒想到傍晚開始飛來大量的鵪鶉……
啪
啪
咕—
咕
咕
咕
咕咕咕—
哇！來了一大群鳥!!
有肉可吃了
瞧!!你們的抱怨傳到天上了!!

3 早上也開始會有一種叫做瑪納的麵包從天而降。
味道好像加了蜜的麵餅喔
這是什麼玩意?
好吃
好吃
感覺滿可口的
哎呀

丁托列多 「收撿瑪納」 1575-78年
聖洛克大會堂／威尼斯

此後直到抵達迦南，百姓們便以瑪納為食，持續數十年。
聽好了，你們只可以收集當天需要的分量。只有安息日前一天可以儲備隔天的分。
是！我們會聽從摩西大人的指示
否則……
才這麼說完就……
這些傢伙……
啊～多收集的部分會長蟲壞掉
喂!

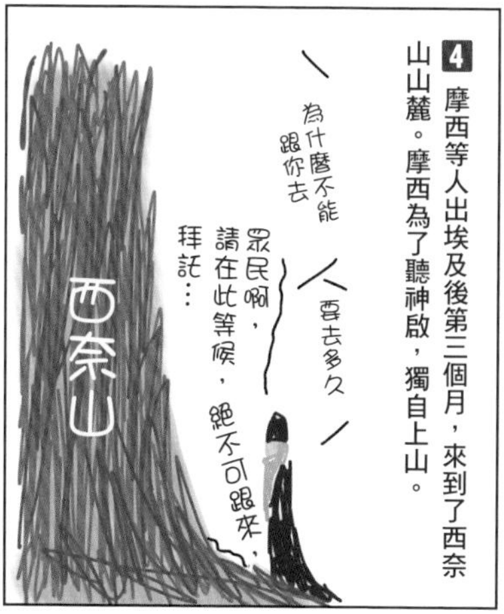
4 摩西等人出埃及後第三個月，來到了西奈山山麓。摩西為了聽神啟，獨自上山。
為什麼不能跟你去
要去多久
眾民啊，請在此等候，絕不可跟來，拜託…
西奈山

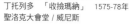

十誡

1 神授予摩西兩塊載有「十誡」的石板。

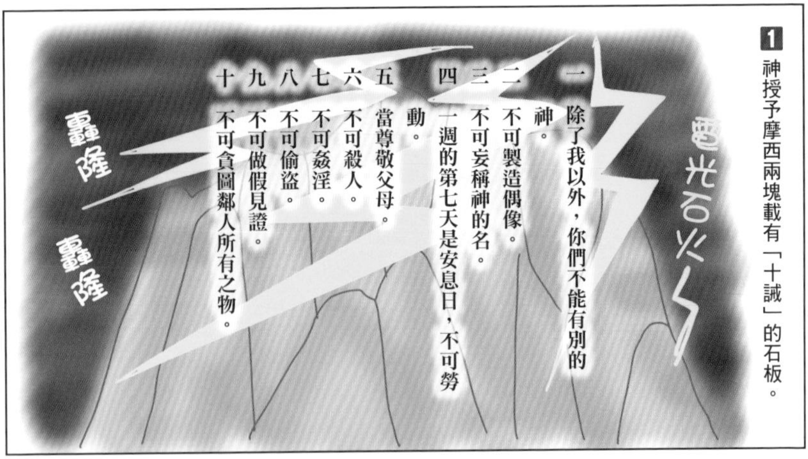
一 除了我以外，你們不能有別的神。
二 不可製造偶像。
三 不可妄稱神的名。
四 一週的第七天是安息日，不可勞動。
五 當尊敬父母。
六 不可殺人。
七 不可姦淫。
八 不可偷盜。
九 不可做假見證。
十 不可貪圖鄰人所有之物。
電光石火
轟隆
轟隆

2 不料，摩西入山期間，百姓們等不及地開始打造並膜拜年輕公牛的黃金雕像。

喔！
不錯耶
我一直想拜這樣的神
閃亮亮
閃亮亮
好耶，明天就舉行主的祭典
亞倫

普桑　「崇拜物質財富」　1634年　國家畫廊 / 倫敦

3 神對做出最不可饒恕之事的百姓暴怒。

這算什麼百姓!!
我要把他們全部消滅!!
啊~
兩塊
摩西怒氣沖沖地把剛拿到的石板摔個粉碎

林布蘭　「摩西與十誡」
1659年　達勒姆歐洲文化博物館 / 柏林

4 三千名異教徒，除了亞倫之外，全數遭到殺害。摩西再度入山，再一次領受石板後下山。

化身為雲的神
今後就以這副模樣引領你們
Moses
神與以色列子民立下的契約
十誡是
不會再有下一次
臉上閃耀光輝

偵察迦南之地、宣告再繼續流浪四十年

1 終於來到迦南邊界的摩西，令約書亞等人去查探情況。
我不想再吃瑪納!!
在埃及不必花錢就有魚可吃！小黃瓜、哈密瓜、蔥、洋蔥、蒜頭
我都忘不了！
我受夠了瑪納!!
約書亞，你去查探迦南的居民是否強悍、土地肥不肥沃
知道了
約書亞
Moses
……真受不了，只會抱怨
2 去偵察的人當中，有人主張應該進攻，但其他人反對。
有這樣漂亮的葡萄，當真是流著奶和蜜的土地!! 居民雖然強悍，但我一定能打敗他們!! 進攻吧!!
是啊是啊
不，絕對不可以!! 所有居民都長得像巨人……。和他們比起來，我們就像蝗蟲一樣。不可能打得過他們!!
對啊
真是的
蝗蟲
3 百姓聽了報告後整夜抱怨訴苦。此舉觸怒了神。
假使要被迦南的居民所殺，還不如當初死在埃及!!
約書亞他們才會害死我們
沒錯、沒錯！
現在回埃及也不遲!!
就是啊！摩西他們讓我們做了什麼啊!!
這些百姓總是一直對我發牢騷！此後四十年你們都無法進入迦南一步！你們都會淪為曠野上的死屍！
摩西將這番神諭轉告百姓
揹——
什麼
還要等40年!?

4 因神諭而感到恐懼的百姓試圖進入迦南之地，紛紛湧向山頂。
我、我們錯了！我們還是要上山前往主所應許之地!!
太遲了!! 誰叫你們要違背主的命令!! 所有人都會沒命喔!!
哇
哇
哇
往上爬啊
別去了
蹬蹬蹬蹬
5 爬上山去的人全遭山上的居民殺害。那之後，摩西一行人在曠野流浪了四十年。
全體陣亡
……

迦南就在眼前、摩西之死

1 有一次，百姓求水。摩西聽從神的指示，使用手杖想要讓岩磐出水……

啊～～、口好渴～～
叩
怪了，沒有流出水來……再一次
用力
叩
摩西啊……
唰—
啊，出水了，太好了!!

巴奇亞卡 「摩西擊打磐石」 1525年
蘇格蘭國家美術館／愛丁堡

2 用手杖擊打兩次被視為懷疑神的力量，摩西和亞倫因而被宣告將在進入迦南之前死亡。

你不信我。因此，你不能進入迦南之地。
什、什麼……
震驚

3 亞倫死於何珥山。

哥哥果然也沒被神寬恕……
我曾經雕刻過偶像，進不了迦南也是沒辦法的事……
抱歉，先走一步……

4 摩西明白自己的死期將近，任命約書亞為接班人。

之後就拜託你了
我會好好幹的！

5 摩西聽從神的囑咐，登上尼波山的山頂。然後百感交集地瞭望眼前廣闊的應許之地，嚥下了最後一口氣。

好漫長的歲月
享年120歲

沒有人知道他葬在哪裡。

無敵的戰士 約書亞

衝啊!! 神會與你同在！
兼具武力、智力和治理能力
卓越的推進執行力
把征服得來的土地分配給以色列12支派，使其具備國家的形式
完成進入迦南的夙願、最強的武鬥派領袖
在示劍立下約定，再一次確認神與以色列民的契約

奪取耶利哥

1 接下摩西未竟之志的約書亞，受到神的諭令要進入迦南之地。於是他派兩名士兵去打探敵情。

紀元前7000年前即已存在、世界最古老的城市耶利哥
迦南地區的城市
喔！
好，走吧！
偵察隊

2 耶利哥的警備森嚴，兩名士兵藏身在妓女喇合的家。

躲起來了
喂！開門！把屋裡的陌生人交出來!!
是有人來過，但已經離開，去別的地方了

3 多虧喇合才得救的士兵承諾「進攻時必定相救」。

我信你們的神才會幫助你們。所以進攻時請救我們一家的性命。
我們會冒死保護妳和妳的家人。請把這紅繩繫在窗子上
以此作為標記
滑溜滑溜
謝謝照顧

4 根據偵察的結果，約書亞決定進攻。他率領以色列民開始要過約旦河。這時，河水再次分開。

看！神與我們同在!!
沙沙～
裝有十誡的約櫃

5 神告訴約書亞要如何攻打耶利哥。約書亞等人照著指示執行，堅固的城牆同時應聲崩垮。
抬著約櫃繞城1周，持續6天。
1周×6天
他們在幹什麼？
只有第7天要繞城7周!!
魚貫而行
繞圈
一個跟著一個
只是繞著城走
第7天要繞7周……
然後
眾人齊聲吶喊
噢～噢～噢～
嘿～嘿～嘿～
噢
卡啦卡啦
沒想到人稱堅不可摧的城牆就這樣倒了！

第七天齊聲吶喊的以色列人

6 耶利哥城被攻占，城裡的人和家畜也全數被殺。不過喇合的家人照約定獲救。
哇
哇
喇合
托您的福，得救了

耶利哥城
約櫃

富凱　「奪取耶利哥」　1465年左右
法國國家圖書館／巴黎

終於進入安居之地

約書亞和以色列民征服迦南諸王，終於進入安居之地。約書亞最後與百姓立下「示劍之約」後離世。

從先祖亞伯拉罕那時起，神便一直引領著我們走到現在。但假使你們要侍奉外邦之神，
那就去吧。
不，我們要侍奉神!!
……那此後若背棄神，神定將使你們滅絕，可以吧？
可以!!
……這塊石頭就是神與百姓立約的證明，你們要好好遵守……
「示劍之約」
約書亞享年110歲

出埃及記　西斯汀教堂　名畫1

西斯汀教堂側面的壁畫，是文藝復興時期當紅畫家們的手筆，描繪了許多舊約聖經的故事。

濃縮　摩西前半生的高潮

波提切利　「摩西的試煉」　1481-82年　西斯汀教堂 / 梵蒂岡

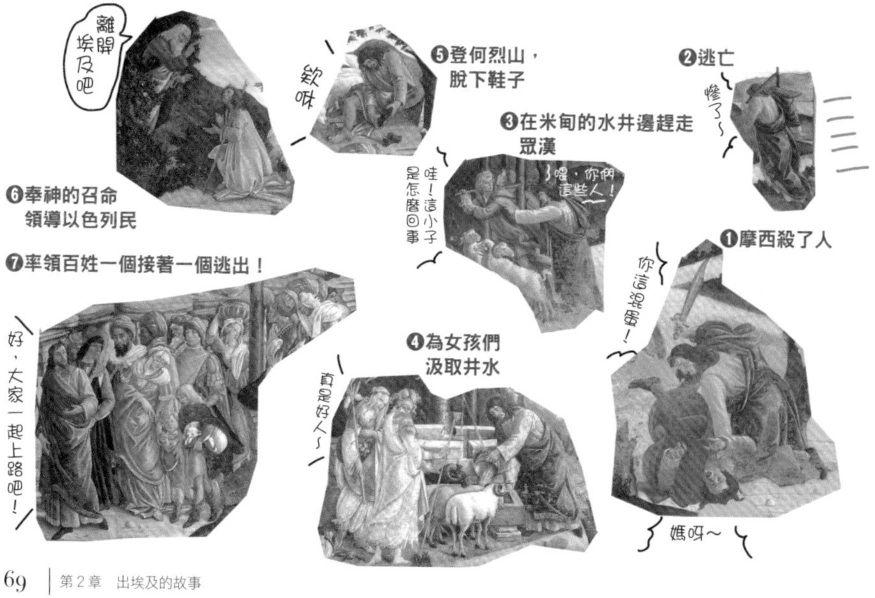

❶摩西殺了人
你這混蛋！
媽呀～
❷逃亡
慘了～
❸在米甸的水井邊趕走眾漢
喂，你們這些人！
哇！這小子是怎麼回事
❹為女孩們汲取井水
真是好人～
❺登何烈山，脫下鞋子
欸咻
❻奉神的召命領導以色列民
離開埃及吧
❼率領百姓一個接著一個逃出！
好，大家一起上路吧！

出埃及記　西斯汀教堂　名畫2

濃縮　摩西後半生的高潮

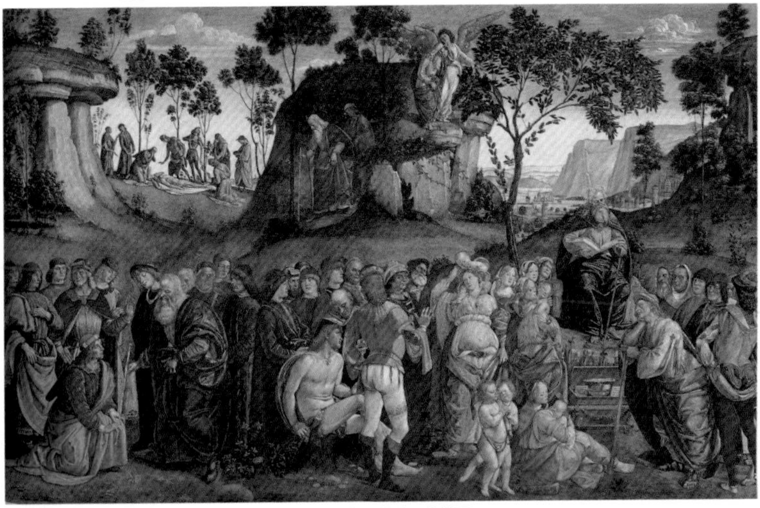

西諾萊利　「摩西的遺言與死亡」　1481-82年　西斯汀教堂 / 梵蒂岡

❶在天使的
引導下登山
❷被宣告不能進入
迦南之地後下山
沮喪
嗚……
好可憐啊……
❸將遺言告知
百姓的摩西
大家仔細
聽我說
什麼事
雖然很小，
但有兩塊
石板!!
❹任命約書亞
為接班人
拜託你
了喔
是
❺臨終
這是怎麼
回事！
咦!?摩西一絲
不掛地死去？

第3章

士師的故事

士師指的是
在內外持續爭戰的迦南之地
領導以色列百姓的
十二位領袖。
本章要為各位介紹
當中尤其著名的參孫的故事。

參孫 超怪力男的弱點是……

在300匹胡狼的尾巴點火，燒毀了田地
嗄～

母親原本不孕，但被天使告知「將生下一子並奉獻給神」，於是我就出生了
生下來就被獻給神的人，也就是拿細耳人
力大無窮
對非利士女人特別沒轍
喜歡猜謎
還被囑咐「生下來之後不可理髮」
徒手將獅子撕裂
看我的
掰開
救命啊
一抓狂便無法控制
好～過～分～

出自16世紀拉丁文聖經譯本

眾多神力傳說

士師中最知名的一位就是參孫。他是但支派出身的以色列人，指揮族人與敵對的非利士人作戰。

參孫擁有不尋常的神力，大到能夠徒手撕裂一隻獅子。

而且他一生氣便無人治得了他，在自己的婚禮上與賓客猜謎起紛爭，最後打死三十人、奪走其衣物；還有一次在三百隻胡狼的尾巴上點火，放出去燒光非利士人的田地；或是用驢的下顎骨打死上千名非利士人……不愁找不到其粗暴的事蹟。

這樣的參孫卻過不了美人關。而且還迷戀上本是敵人的非利士女人，以至無可挽救的境地……。許多畫家都曾描繪這則參孫被美女大利拉所騙的故事。

大利拉的計謀

參孫強大的祕密是？

1 有一天，非利士人的同盟首領來找參孫的愛人大利拉，請她幫忙找出參孫神力的祕密。
事成就給妳數千枚銀子！
非利士人
銀子
嗯……我可以幫你們喔……
2 大利拉強逼參孫告訴她祕密。
我說，你怎麼會這麼厲害啊？可是總會有一、兩個弱點吧？告訴我嘛……♥
真拿妳沒辦法
害羞
只要用7條未曬乾、新的弓弦綁住我，我就和普通人沒兩樣了。

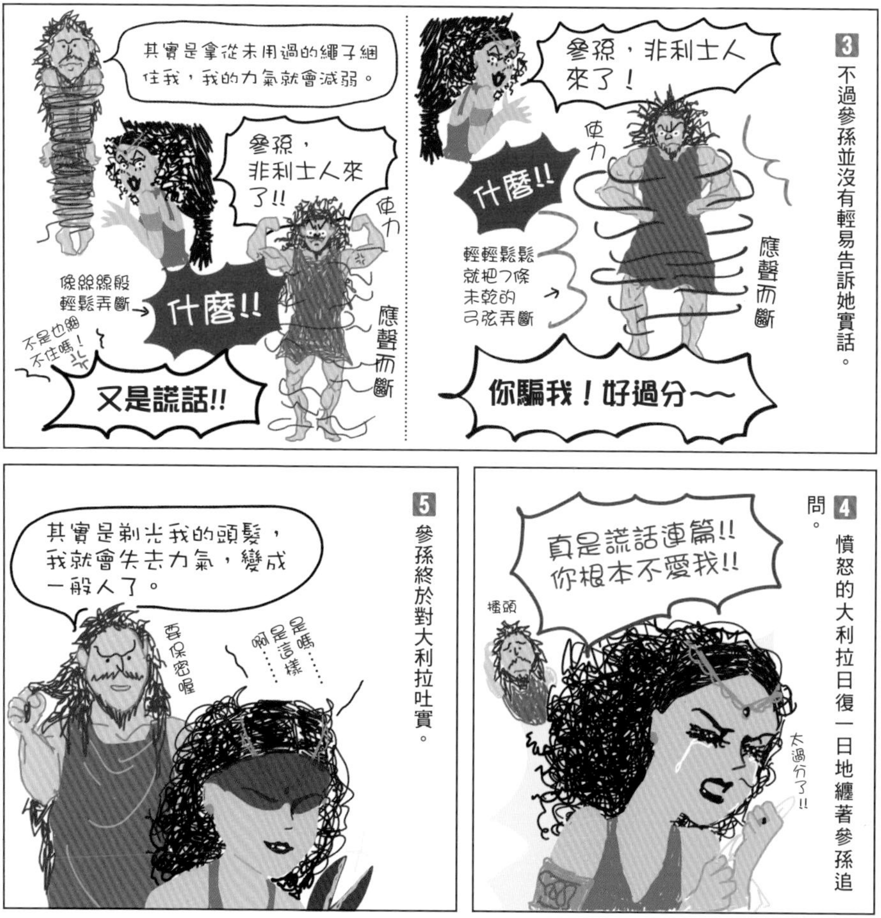
3 不過參孫並沒有輕易告訴她實話。
參孫，非利士人來了！
使力
什麼!!
輕輕鬆鬆就把7條未乾的弓弦弄斷
應聲而斷
你騙我！好過分～～
其實是拿從未用過的繩子綑住我，我的力氣就會減弱。
參孫，非利士人來了!!
使力
像絲線般輕鬆弄斷
什麼!!
不是也綑不住嗎！
應聲而斷
又是謊話!!
4 憤怒的大利拉日復一日地纏著參孫追問。
真是謊話連篇!! 你根本不愛我!!
搔頭
太過分了!!
5 參孫終於對大利拉吐實。
其實是剃光我的頭髮，我就會失去力氣，變成一般人了。
要保密喔
是嗎……是這樣啊……

6 終於得知參孫真正弱點的大利拉，讓參孫枕在自己的膝上入睡，然後叫人來剃掉參孫的頭髮。

我等不及了
進來吧，把7束頭髮剃掉吧！
銀子
ZZZ

洪特霍斯特　「參孫與大利拉」　1615年左右
克利夫蘭美術館 / 克利夫蘭

7 前來的同盟首領偷襲參孫，挖出他的眼睛，拷上青銅製的腳鐐，把他關進大牢裡推磨。

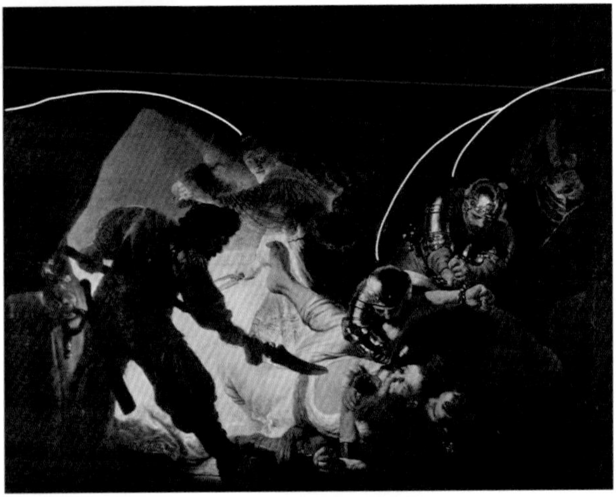

將使不上力的參孫弄瞎雙眼的非利士士兵
拿著剪下的髮束跑出屋外的大利拉

林布蘭　「刺瞎參孫」　1636年　施泰德美術館 / 法蘭克福

8 但過了一段時日參孫又長出頭髮，開始恢復神力。連這點道理都不知道的首領們，開始討論要大開筵席嘲笑參孫。

嗚……
叩噹叩噹
把只剩一副軀殼的參孫抓來戲耍一番吧!!
聽來大快人心啊！
哎呀！就這麼辦！

9 被帶出監牢的參孫向神禱告。然後找到房子的主要支柱，打算拉倒那些柱子。
神啊！賜予我力量吧，就這一次!!……請助我向非利士人復仇!!
嗚
喔喔喔喔

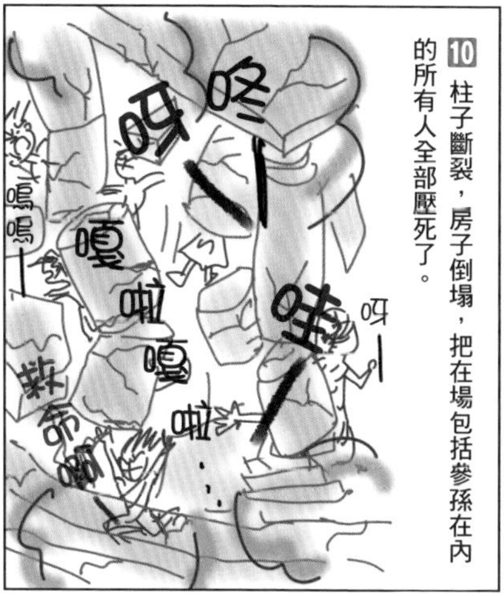
10 柱子斷裂，房子倒塌，把在場包括參孫在內的所有人全部壓死了。
咚—
咚—
嘎啦嘎啦
哇—
呀—
嗚嗚—
救命啊

還有很多喔 「參孫與大利拉」名畫齊聚一堂

以華麗的手勢剪下頭髮的人
非利士士兵提心吊膽地走入房裡
不成體統的樣子
感覺睡得很香

魯本斯　「參孫與大利拉」　1609年左右
國家畫廊 / 倫敦

克拉納赫　「參孫與大利拉」　1528-30年
大都會藝術博物館 / 紐約

路得與拿俄米
引自路得記～婆媳的故事

海耶茲　「路得」　1853年左右
波隆那市政廳 / 波隆那

伯利恆出身
兩個兒子都比自己早死
體貼婆婆
拿俄米
路得
勤快
摩押人

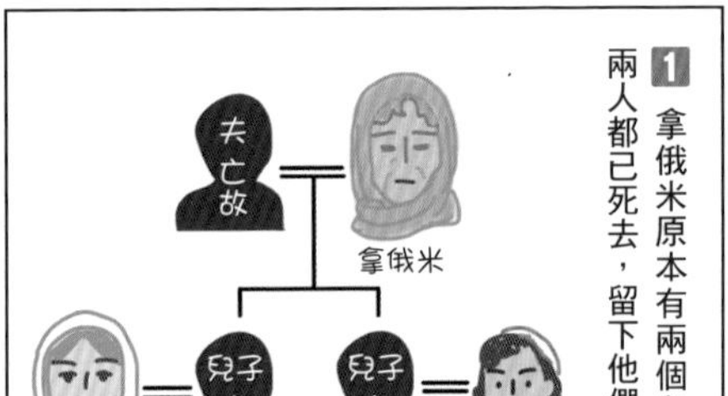
1 拿俄米原本有兩個兒子，但是兩人都已死去，留下他們的妻子。
夫亡故
拿俄米
兒子亡故
兒子亡故
路得
俄珥巴

2 俄珥巴決定返回娘家，但路得堅持要跟隨婆婆拿俄米。
俄珥巴
謝謝
照顧
妳已經為我做得夠多了，回自己的家鄉吧
不！
我不要！

3 兩人返回拿俄米的故鄉伯利恆後，路得決定去求別人，請他們同意讓她在田裡撿拾麥穗。
你故意多掉一些麥穗。可不要妨礙人家撿拾喔！
波阿斯
知道了
對路得一見鍾情的田地主人波阿斯，交代工人故意多掉一些麥穗。

正在請求波阿斯同意讓自己撿拾麥穗的路得
告訴路得不僅是落在地上的麥穗，還會提供她水和食物的波阿斯
等待指示的工人

普桑　「夏天（路得與波阿斯）」　1660-64年　羅浮宮美術館 / 巴黎

7 路得後來得一男兒。而且，此一家系日後還出了大衛王、所羅門王，以及耶穌基督。
路得
波阿斯
俄備得！我可愛的兒子！
路得是源頭始祖，記住喔！
吧噗～
俄備得
耶西
大衛王
所羅門王
耶穌基督
竟然出了兩位國王!!
然後
經過漫長歲月…
故事將繼續下去……。

各位已經明白為什麼有人說這幅名畫是宗教畫了吧。

米勒的「拾穗」

難道沒有像波阿斯那樣的好男人對我一見鍾情，早點把我娶回家嗎？
就是說啊！
妳又不是孝女，不可能的吧？

尚・法蘭索瓦・米勒　「拾穗」　1857年　奧塞美術館 / 巴黎

知道《路得記》的故事後便會聯想，也許米勒在看到拾穗婦女的瞬間想起了路得，而以舊約聖經為題材作畫。

第4章

以色列王國的故事

本章要介紹以色列王國
三位君主的故事。
由先知撒母耳任命的
第一任君主掃羅；
享譽盛名的第二任名君大衛；
以及以色列王國最有智慧之王、
第三任君主所羅門的故事。

以色列王國的發軔

先知撒母耳到掃羅王、再到大衛王

百姓開始渴望君主治理，而神也同意，所以我任命你為第一任國王
雖然有兩個兒子，但都不成器
嗯嗯嗯……
這樣真的好嗎……
最後一位士師，同時也是最早一位先知
撒母耳
被澆灌聖膏油者，即彌賽亞
=
第一個被澆灌膏油，成為國王的
掃羅
承認挑選掃羅是個錯誤，於是任命第二任國王
大衛
感謝～
個子超高
不相上下的美男子
彈琴高手
美男子

在百姓聲聲要求下展開君主政治

先知撒母耳長期以指導者的身分帶領以色列人與非利士人作戰。

然而，百姓中漸漸開始出現這樣的呼聲：「我們希望有位擁有至高無上權力的君主。」

撒母耳問百姓：「有了君主之後，就會開始組織軍隊，你們會被當作士兵派上戰場，即使這樣也沒關係嗎？」但百姓渴望君主的心依然不變。

神聽見這樣的心聲，對撒母耳說：「順應他們的要求，為他們立一位君主吧。」

撒母耳於是找到出身便雅憫一族的掃羅，將聖膏油澆灌在他頭上，立他為王。

就這樣，一直是※十二支派聚集之地的以色列，終於進入君主政治。

※十二支派指的是以色列（雅各）12個兒子的後代。參見P48。

年幼的撒母耳接受神啟成為先知

撒母耳童年時是在一位老祭司以利的扶養下長大。

雷諾茲　「撒母耳童子像」　1776年　泰德美術館 / 倫敦

以利大人，您叫我嗎？……奇怪，我好像聽到有人叫我……
聲音的主人其實是神。
←聽見神的聲音、年幼的撒母耳
我沒有叫你，撒母耳……而且今晚這已是第三次了，那聲音難道是……
以利

掃羅受膏、被任命為君王

1 撒母耳深受百姓敬重，但年事漸高。認為未來堪慮的百姓開始提出「想要擁有君主」的要求。

撒母耳大人，您是位了不起的人，但您的兩個兒子卻不三不四，實在沒辦法把未來交給他們
真是抱歉…
差不多是時候了，我們想要有個君主!!
沒錯 沒錯
你們也太不客氣了吧~
可是，神不就是我們的君主嗎？要是立個凡人君主，就會召集壯丁去當兵，要求婦女負責烤麵包，還會課徵重稅……即使這樣也沒關係嗎？
無所謂!!
即問即答!!

2 由於獲得神的許可，撒母耳便出發去物色君主，他找到了掃羅。

既然都這樣說了，我允許你們擁有君主！擁有後才會明白君主的含意
神的聲音
這樣真的好嗎……
哇!!一眼即可看出，就是他了，錯不了
身高高過眾人一個頭以上!!
超級美男子

為憂鬱所苦的以色列第一位君主……掃羅王

兒子約拿單是好青年
劍術高強
大衛的摯友
格外顯眼的身高
出身便雅憫一族
獲得女性認可的「以色列第一」！美男子
患有精神疾病，唯有大衛的琴音能撫慰他的心
起初做得很好，後來變得自大起來，被神厭棄

當上國王之初所戰皆捷

被撒母耳澆灌聖膏油的掃羅，同時也受到百姓的歡迎，成為以色列王國的第一任君主。掃羅王統率的以色列軍隊，接二連三地打敗來襲的敵人。

看吧！就是這樣！我看就算抽籤，他還是會中選
啪
啪
啪
我是國王……
國王
國王萬歲!!
掃羅王!!
衝啊～
喔
好帥～～呀～～
沒有異議!!
躂躂躂躂

連戰連勝使掃羅的心出現裂縫

掃羅在與宿敵亞瑪力人交戰獲勝之後，忘了要忠實遵守神的吩咐。

討伐亞瑪力後，要把人、牲畜和財寶全部燒光！
明明這麼交代……
我們贏了！
要把所有一切摧毀殆盡嗎？
的確有點可惜……
上好之物先留起來
有不少肥美的牛、羊喲
我後悔立掃羅為王！那傢伙不聽我的話！
撒母耳，聽見了嗎!?
在……!!
驚醒
就寢中

掃羅被告知神已厭棄他

神告訴撒母耳，掃羅不適合當王，並指示他另立君主。掃羅纏住要離去的撒母耳，但撒母耳不留情地甩開掃羅的手。

撒母耳啊，伯利恆有個人注定要成為一國之君。出發去伯利恆吧！
我犯了錯！求您原諒……
很遺憾，掃羅……
已經太遲了……
神已卸除了你的王位

從此以後，撒母耳便沒再見過掃羅。

撒母耳為大衛澆灌膏油

撒母耳來到伯利恆尋找神指名的「耶西的兒子」。他在那裡發現了大衛，並為他澆灌膏油。

耶西，這些就是你所有的兒子嗎？
不，還有一個，可是他年紀還小
正在野地看羊
那麼，請你把最小的兒子也叫來
少年大衛
父親，您找我嗎？
錯不了!!
就是你了!!
發光
你將成為新的國王
遵命～
這次一定不會錯……

大衛的琴聲撫慰憂鬱的心

1 撒母耳離去之後，掃羅王便開始為極度的憂鬱所苦。於是為了使國王心情舒暢，琴藝高超的大衛便被找來。

神厭棄了我
嗚哇啊啊啊
愈來愈嚴重了……
國王以前很愛琴音，讓他聽聽琴聲解解悶如何？
我們就試試看吧
把大衛找來
聽說名叫大衛的小孩彈得很好
要是讓國王不高興可要馬上逃跑喔
好
緊張緊張
嗚
嗯？

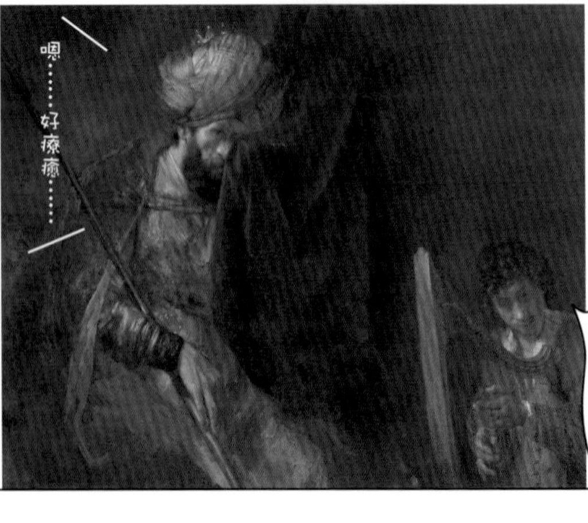

嗯……好療癒……
您覺得如何？

林布蘭「大衛與掃羅王」1630-31年左右
施泰德美術館／法蘭克福

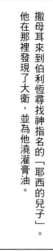

2 大衛的琴音立刻顯現出效果。掃羅王恢復許久未有的安然祥和。
國王恢復理智了！
多麼讓人感到平靜的音色……孩子，你一直留在這裡服侍我吧……
很榮幸能為您效勞!!
掃羅很中意大衛，提拔他成為自己的部下。

大衛用一顆石頭就制伏歌利亞

1 有一天，非利士軍中一名叫做歌利亞的巨人來到以色列軍陣前叫陣，要求一對一決鬥。以色列軍個個畏縮不前，唯有大衛自告奮勇應戰。
什麼小鬼頭!!
針鋒相對
好，我要打倒你！
你要應戰!?
你還是孩子不是嗎!!
對方可是從小身經百戰!!
看我的!!
我雖是牧羊人，
但我為了保護羊群
曾擊退熊和獅子!!

米開朗基羅　「大衛」　1501-04年
學院美術館 / 佛羅倫斯

多納泰羅　「大衛」　1440年左右
巴傑羅美術館 / 佛羅倫斯
影像：ALBUM/AFLO

2 掃羅王把自己的鎧甲借給一身牧羊人裝扮的大衛……

3 大衛拿起小石頭朝歌利亞擲去。

卡拉瓦喬　「手提歌利亞頭顱的大衛」　1610年左右
博爾蓋塞美術館 / 羅馬

4 小石頭命中歌利亞的額頭，不費吹灰之力就擊斃歌利亞。大衛立刻拔出歌利亞的劍，砍下巨人首級。

5 立下戰功的大衛，與掃羅的兒子約拿單建立起堅固的友誼，還娶掃羅的女兒米甲為妻。

你太厲害了！令我敬佩得五體投地！我的上衣什麼的，你全都拿去！我們做朋友吧！
不敢當，約拿單王子
約拿單王子
米甲公主
請多多指教
彼此彼此……

6 成為武將的大衛所戰皆捷，聲望扶搖直上。

掃羅殺死千千
大衛殺死萬萬
好棒～
大衛萬歲
呀～
好帥啊
哇～哇～
什麼？我是千他是萬？
抖抖

掃羅王企圖殺害大衛

1 大衛的高聲望讓掃羅王再度被不安纏身。出於嫉妒和憎恨，他開始企圖殺害大衛。

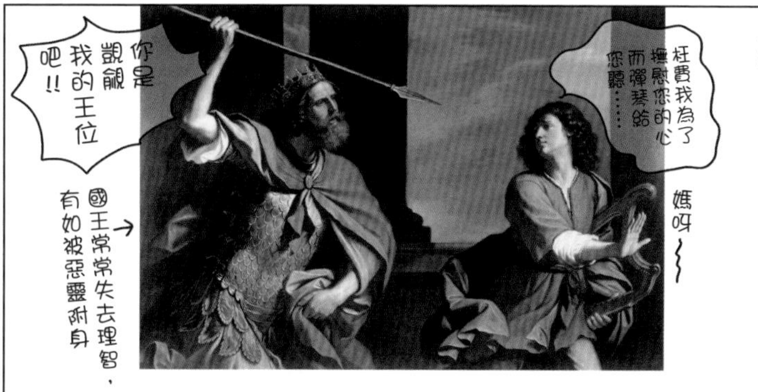
枉費我為了撫慰您的心而彈琴給您聽……
媽呀～
你是覬覦我的王位吧！！
國王常常失去理智，有如被惡靈附身

古厄西諾　「掃羅攻擊大衛」　1646年
國立古代藝術美術館 / 羅馬

2 約拿單和米甲得知父親掃羅的殺意後，協助大衛逃走。

父親是認真的
快逃！
謝謝！
滑溜～
滑溜
父親已變成一個殘暴的瘋子
真糟糕！總之你先逃吧，我再跟你聯絡
知、知道了

萊頓　「大衛與約拿單」
1868年　明尼亞波利斯美術館 / 明尼蘇達

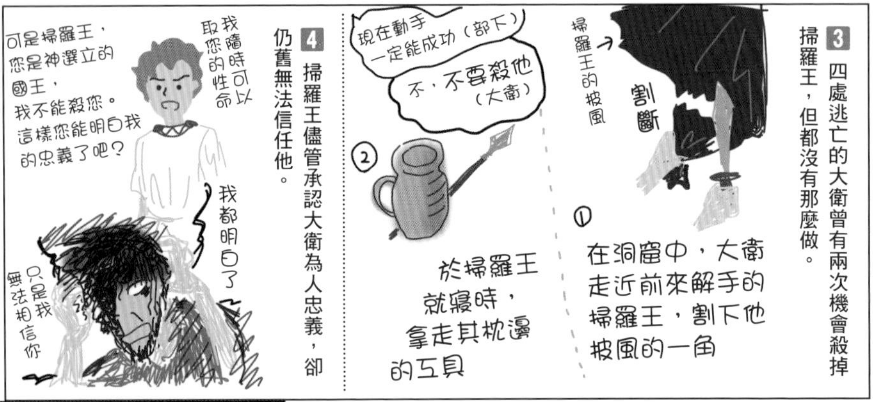
3 四處逃亡的大衛曾有兩次機會殺掉掃羅王，但都沒有那麼做。
掃羅王的披風→
割斷
①在洞窟中，大衛走近前來解手的掃羅王，割下他披風的一角
現在動手一定能成功（部下）
不，不要殺他（大衛）
②於掃羅王就寢時，拿走其枕邊的瓦具
4 掃羅王儘管承認大衛為人忠義，卻仍舊無法信任他。
我隨時可以取您的性命
可是掃羅王，您是神選立的國王，我不能殺您。這樣您能明白我的忠義了吧？
我都明白了
只是我無法相信你

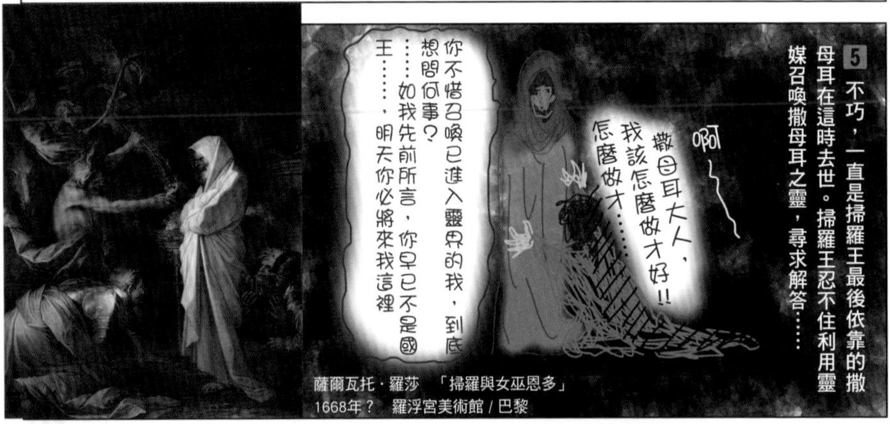
5 不巧，一直是掃羅王最後依靠的撒母耳在這時去世。掃羅王忍不住利用靈媒召喚撒母耳之靈，尋求解答……
啊～
撒母耳大人，我該怎麼做才好!!怎麼做才……
你不惜召喚已進入靈界的我，到底想問何事？……如我先前所言，你早已不是國王……，明天你必將來我這裡
薩爾瓦托·羅莎 「掃羅與女巫恩多」
1668年？ 羅浮宮美術館 / 巴黎

掃羅王自殺

隔天，掃羅王在與非利士軍的戰役中失利，以色列軍敗走。約拿單遭擊斃，掃羅王自知氣數已盡，自刃而亡。

布勒哲爾（父） 「掃羅的自殺」 1562年
維也納藝術史博物館 / 維也納

掃羅王請士兵殺了自己，但沒人敢這麼做，
不得已他只好撲向自己的劍自殺→

大衛王

能反躬自省的名君

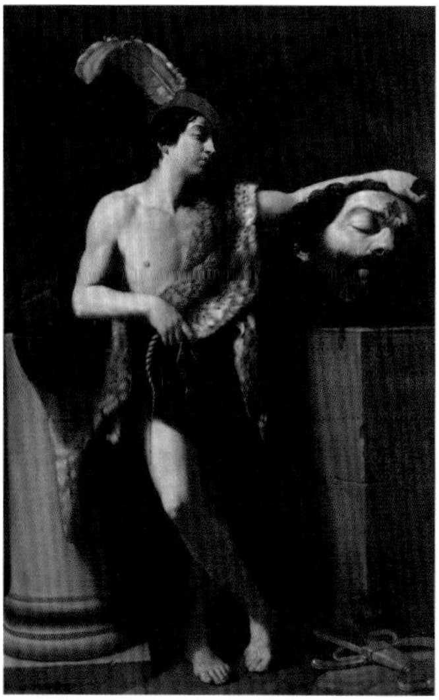

雷尼　「手提歌利亞頭的大衛」
1604-06年　羅浮宮美術館／巴黎

超級名君
天生的領袖
文武雙全
敦厚
美男子
豎琴高手
優秀的詩人
因不倫犯下大錯
作曲家
與兒子互不相讓
30歲成為國王，治理王國40年

完成以色列的統一

1 得知掃羅王和約拿單死訊的大衛，沉浸在悲傷中。
什、什麼!?
掃羅王和約拿單都死了!?
是的，
掃羅王的王冠就是證據
2 大衛哀悼兩人的死，作了一首悼念歌。
哀悼之歌「弓」
……啊，勇士們在酣戰中倒下。約拿單被刺死在以色列的高崗。我思念你而悲傷。
我的兄弟約拿單啊，我真心喜悅你，你對我的愛令人吃驚，甚過婦女的愛情。

3 大衛在百姓的支持聲下繼任為王。大衛王擊敗宿敵非利士人，建立統一的以色列王國。
今後將以耶路撒冷為首都
大衛王萬歲
以色列萬歲!!
哇哇、
呀呀、

為有夫之婦拔示巴失去理性

1 有一天，大衛午睡醒來在宮殿的頂樓散步時，無意中看見一名正在沐浴的女子。

傑洛姆　「拔示巴」　1889年或1895年　私人收藏

是家臣烏利亞的妻子拔示巴
那、那位在洗澡的美女是什麼人!?
大心

2 大衛把拔示巴召入宮中同床共寢。拔示巴懷了大衛的孩子。

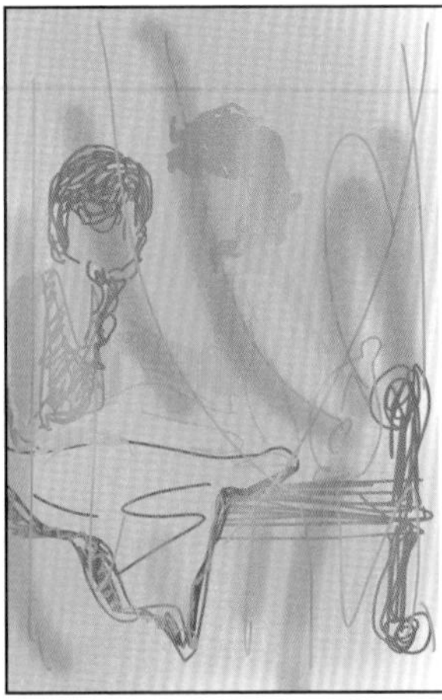

3 大衛這下著急了，把拔示巴的丈夫烏利亞從戰場上召回，要他回家，但烏利亞不肯回家。

我懷了陛下的孩子。
by拔示巴
噢！
烏利亞，
我聽說了你的
戰績。
偶爾可以
在家好好休息
（做人）
不，我的主人
和其他家臣
都還在野外紮
營，我還
不能回家
認真又固執的烏利亞

4 害怕東窗事發的大衛寫信給戰地司令，指示他派烏利亞去最前線，讓他戰死沙場。

全然不知情的
烏利亞
「指揮官，
把烏利亞送上戰火激烈
的最前線，讓他戰死」
遵命!!
我必不負您的期待，
將此信送交指揮官!!
把這封信送去……
顫抖

5 烏利亞如大衛所願地戰死。曾深愛丈夫的拔示巴沉浸在悲傷中。

妳的丈夫
英勇作
戰，
已戰死
了……
嗚嗚
傳令兵

我想在拔示巴的時代「寫信」並不普遍，但在我的時代非常流行，所以就把它畫成「接到通知信」
17世紀荷蘭的巨匠林布蘭

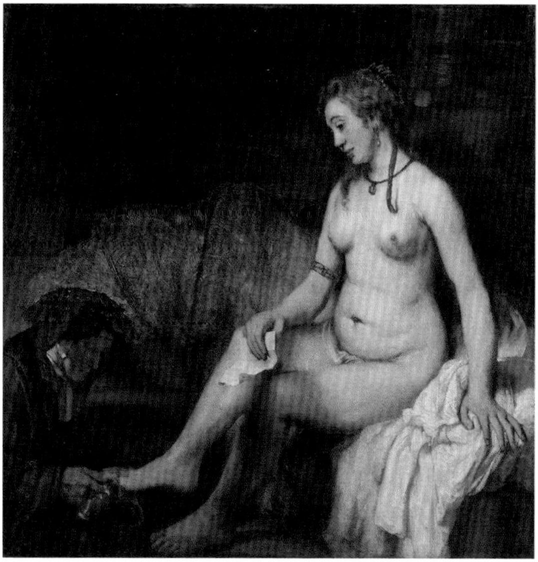

林布蘭 「收到大衛來信的拔示巴」 1654年
羅浮宮美術館 / 巴黎

大衛後悔自己所做的事

1 在宮裡服務的先知拿單譴責大衛犯下的罪行。
您聽了這故事有何感想？
某城裡有兩個男人
擁有的牲畜多到數不盡的大富豪
哇哈哈哈
親手精心培育一頭羔羊的窮光蛋
來，吃吧
有一天，明明擁有大批牲口的大富豪，卻把窮光蛋寶貝的小羊偷來宰殺，招待客人。
啊
我的小羊被人烤來吃了
好吃
請用 請用
怎麼有這麼惡劣的男人！這種人該死！
要五馬分屍！
做出這種壞事，該當五馬分屍的人就是您!!
嚴厲

2 大衛領悟到自己罪孽深重，極度後悔。
啊～我犯了多麼大的罪呀!!
就算以命相抵也償還不了……
您擁有一切，卻藐視賜予您這一切的神!! 您將出世的孩子必定得死

3 大衛禁食向神禱告，但沒有用。拿單的預言應驗，他生下的孩子掙扎了七天後死去。
對、對不起……
全是我的錯……

兒子所羅門的誕生

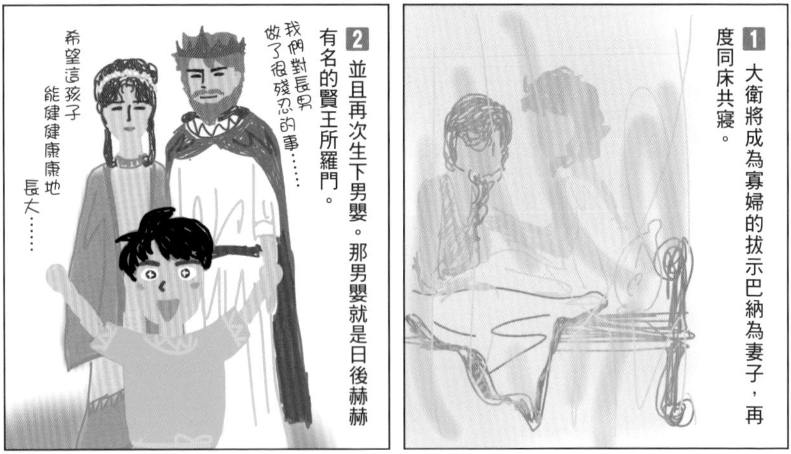
1 大衛將成為寡婦的拔示巴納為妻子，再度同床共寢。
2 並且再次生下男嬰。那男嬰就是日後赫赫有名的賢王所羅門。
我們對長男做了很殘忍的事……
希望這孩子能健健康康地長大……

三男押沙龍的政變

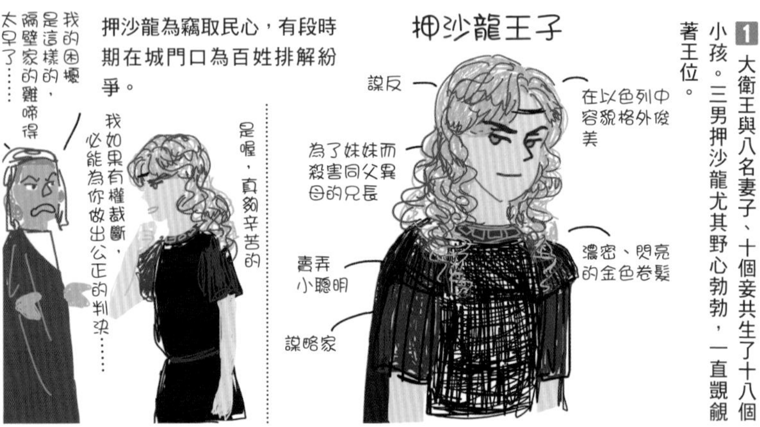
1 大衛王與八名妻子、十個妾共生了十八個小孩。三男押沙龍尤其野心勃勃，一直覬覦著王位。
押沙龍王子
謀反
在以色列中容貌格外俊美
為了妹妹而殺害同父異母的兄長
濃密、閃亮的金色卷髮
耍弄小聰明
謀略家
押沙龍為竊取民心，有段時期在城門口為百姓排解紛爭。
是喔，真夠辛苦的
我如果有權裁斷，必能為你做出公正的判決……
我的困擾是這樣的，隔壁家的雞啼得太早了……

2 認為時機成熟的押沙龍斷然發動叛變。大衛只穿著身上的衣服就逃了出來。
衝啊~
追拿大衛王
總之所有人先逃吧~~
3 儘管是偷偷潛逃，也有多達六百人加入大衛一行人。
啊~~可是抱歉!! 不要殺了押沙龍……
大衛王才是我們的國王!!
打倒押沙龍~~
噢!
噢!

德國細密畫　「押沙龍纏住樹枝而被殺」
14世紀

啊!
覺悟吧!!

4 押沙龍嘗到損失兩萬士兵的慘烈敗仗，並因頭髮纏住樹杭、動彈不得而被刺死在樹林裡。

多雷　「大衛為押沙龍之死悲嘆」　1866年

幹掉他了!!
怪了？
一點都不高興……？
啊——押沙龍
真希望我能代替你死!!
對不起

5 大衛王對贏得勝利毫無喜悅之情，只是哀嘆兒子的死去。

大衛王之死

大衛王任命所羅門繼任王位後撒手人寰。享譽盛名的名君大衛王，晚年與親生兒子的權力鬥爭不斷，其實很孤寂。

老公!!快點宣布由所羅門繼承王位吧!!
因為你慢吞吞地不宣布，四男亞多尼雅才會自稱接班人!!
拔示巴
快點宣布吧！
所羅門
不勝感激
知道了、知道了……
所羅門，我命你為我的繼任者……
啊～好冷……

所羅門王

最有智慧之王、以色列王國極盛期

智
實現以色列百姓自出埃及以來的願望，建造聖殿
賢王
以色列王國最有智慧的人
20歲即位
不僅用武力，更利用貿易、外交使國家富強，最終將以色列提升為文明國家
治世長達40年
喜愛外邦女子
與示巴女王關係友好
妻妾共1000人
晚年變昏君……
喜歡黎巴嫩香柏木

求智慧

所羅門即位後，神出現在他夢裡問他最想要什麼。

什麼都行，你說說看吧！
那麼恕我斗膽，請賜予我能夠正確分辨善惡的心
好，說得好!!
想不到你不求壽、不求富，而求智慧……。我就應你所求，賜你聰明智慧，同時還要賜予你財富和榮耀，以及長壽！

就這樣，所羅門成為英明絕倫的君主。

所羅門的審判

1
有一次，有兩位母親向所羅門王控訴。
我們住在一起，相隔三天分別產下一子。不料這女人的孩子死了，
然後她就把我的孩子與死掉的孩子掉包……
妳胡說什麼！死掉的是妳的孩子吧!!
2
雙方都堅稱「自己才是孩子的母親」，一步也不退讓。
從實招來！是妳掉包的吧！
別胡說八道！我哪會做那種事！
哼
哼
3
於是所羅門王提出一議。
妳們既然這樣說，那就把嬰兒切成兩半好了。
什麼～
怎、怎麼這樣～
那太可憐了!! 如果要那麼做，我退出!!
我可以接受喔
4
因為這個著名的審判，以色列百姓開始敬畏所羅門王。
為孩子著想而退出的一方，才是真正的母親
啊！太好了～
啪
啪
哇

這會兒正準備把嬰兒切成兩半！
有必要這樣做嗎？
所羅門，你是認真的？
白色衣服的女人就是被判定為真正母親的那位吧？
黃色衣服的女人身旁有個死掉的嬰孩
畫家大概是想描繪那驚心動魄的場面吧

魯本斯　「所羅門的審判」　1617年左右　丹麥國立美術館／哥本哈根

聖殿的完成

1 自從在摩西率領下出埃及以來，以色列百姓一直沒有自己的聖殿。終日征戰的時代結束，在所羅門王的治世終於能夠開始建造聖殿了。

建造聖殿的時刻終於到來!!
使用大量的黎巴嫩香柏木
聖殿內部以純金覆蓋
建造現場不可發出噪音
在那之前，收放十誡的「約櫃」一直被供在像是帳篷的會幕裡。
約櫃
帷子
獻祭場
洗濯盆
祭壇
神的居所

2 七年後，聖殿終於完成。所羅門將約櫃安置在聖殿內，向神禱告。

富凱「所羅門建造聖殿」
1470年左右　法國國家圖書館／巴黎

神啊，我為您建造了莊嚴的聖殿。求您如同應許列祖一般，也應許我們……
諸位，神謹守祂的應許，賜予我們以色列的土地……
摩西說的全是真的

建造宮殿

接著，所羅門又花了十三年為自己建造宮殿。由於極盡奢華，課予百姓的稅賦和勞役之重也非同小可。

取名為「黎巴嫩林宮」！柱子和地板使用了大量黎巴嫩香柏木，宛如置身在香柏木林一般
好！接下來就是我的宮殿！
娶了埃及法老的女兒為妻，所以要另外為她再蓋一棟
重稅
好重啊～
嘿休嘿休
鏘 鏘
勞役讓人吃不消～
這就是我所擔心的「有了君主之後會很麻煩」的事
撒母耳

示巴女王來訪

1 示巴女王從阿拉伯南方來見「全世界擁有最多財富和智慧的所羅門王」。
據說全世界的人都要來領受他的智慧……
我要問他幾個我無法回答的難題
2 所羅門王順利回答全部的難題，讓女王讚嘆不已。
農耕
經濟
天文學
政治
化學
儘管問吧
嗯嗯嗯…
那這個問題您怎麼回答？
3 女王同時被比傳聞更加講究、絢爛豪華的宮廷征服。
有教養的侍女！
體貼入微的款待
黃金打造!!
目瞪口呆…
美味佳餚!!
4 示巴女王在耶路撒冷小住一陣子之後，依依不捨地踏上歸途。
不論妳想要什麼我都送給妳！
百姓有您這樣的國王真幸福
多謝照顧
大量謝禮
香料
黃金
更多的土產和紀念品

所羅門王
示巴女王

皮耶羅・德拉・弗朗切斯卡　「示巴女王拜見所羅門王」（局部）　1452-58年　聖法蘭且斯可教堂 /亞勒索

染上外邦神的偶像崇拜

除了埃及法老之女，所羅門還娶了許多外邦女子。年事已高的所羅門漸漸熱中於妻子們信奉的外邦之神，因而觸怒了神。

波特　「所羅門的偶像崇拜」　1640年左右
阿姆斯特丹國家博物館 / 阿姆斯特丹

啊～～
要拜什麼都行！
我是偉大的國王，
大家可以拜自己喜歡的神。
我的神……呃，
叫什麼來著
我的神是……
哎，我的是這樣……
喂！
所羅門！

所羅門死後王國分裂

所羅門啊……我勸告過你不可再拜別的神，你卻不聽。因此，我要奪回你的王國，讓王國分裂，賜給家臣。看在大衛的分上，你在世時我不會這麼做，但你死後必將執行。

就這樣，所羅門王遭神厭棄。從大衛王的治世起極盡榮華的統一王國，短短八十年就瓦解了，在所羅門王死後分裂成北邊的以色列和南邊的猶大兩個王國。

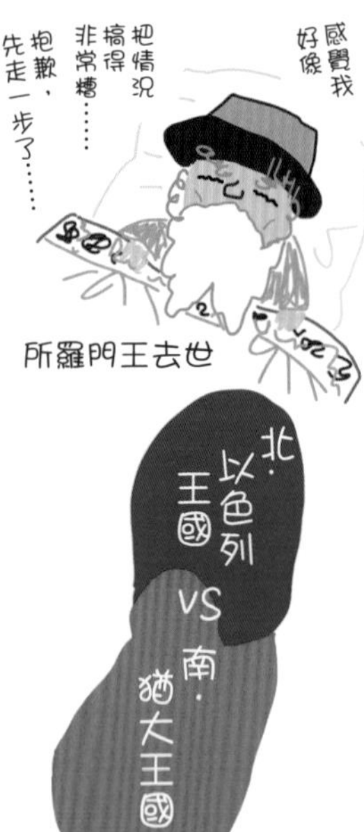
感覺我好像
把情況搞得非常糟……
抱歉，先走一步了……
所羅門王去世
北：以色列王國
VS
南：猶大王國

這是紀元前九三一年所發生的事。

第5章

先知時代的故事

所羅門王死後南北分裂，
本章將介紹持續向瀕臨存亡之秋的
以色列民傳達神諭的先知們，
以及那個時期的故事。

王國滅亡、百姓被俘及回鄉

亞述帝國滅了北邊的以色列王國

福拉歌納德　「耶羅波安的獻祭」　1752年
巴黎美術學院／巴黎

1 北邊的以色列王國，第一任君主是所羅門王能幹的親信耶羅波安。儘管崇拜外邦之神和偶像惹怒了神，但人們依然繼續崇拜偶像。

2 先知以利亞譴責北邊以色列王國的君民在信仰上的墮落，呼籲恢復對耶和華的信仰。

我盡全力對抗沉迷於外邦之神的亞哈王和耶洗別王后!!
先知以利亞

3 北邊的以色列王國被亞述帝國消滅，蕩然無存。

我，薩爾貢二世消滅的

這是紀元前七二二年所發生的事。

所羅門王死後神降怒，將王國分裂成北以色列、南猶大兩個王國。兩國雖然是同一民族，但紛爭不斷。同時，異國的威脅也逐漸逼近。

分裂後依然繼續異教崇拜、昏君不斷的北國以色列，先被亞述帝國滅亡，其人民也被併入其他民族。這是分裂兩百多年後所發生的事。

南邊的猶大王國又延續了一百數十年，後來被新巴比倫王國征服、百姓二度被擄往巴比倫，國家因而滅亡。

在那個嚴峻的時代中，出現了以利亞、以賽亞、耶利米、以西結、但以理等先知，代為傳遞神的意旨。

以賽亞的預言帶給人們希望：

「以色列必蒙主拯救。那是永遠的救恩……」（以賽亞書45：17）

新巴比倫王國後來被波斯阿契美尼德王朝所滅。波斯帝國的居魯士二世釋放俘囚，以色列人返回睽違了六十年的耶路撒冷。

新巴比倫王國滅了南邊的猶大王國

1 先知以賽亞很早就預言北國以色列的滅亡，並呼籲南國猶大的危機也迫在眉睫。

我留下非常重要的預言書，只是有點長又不易理解……
所以才沒被畫成漫畫
好可惜

米開朗基羅　「以賽亞」　1509年
西斯汀教堂 / 梵蒂岡

2 新巴比倫王國步步近逼。

我不僅是卓越的軍事戰略家，還具有商業才能，
我要把巴比倫建設成世界首屈一指的大都市
新巴比倫王國
尼布甲尼撒二世

3 必須向百姓預告滅亡愈來愈近的先知耶利米和以西結，甚感苦惱。

尼布甲尼撒王是神為了教訓我們以色列人所降下的災難，最好服從……
我見到了復活的幻象，真不可思議！大家不要放棄希望
耶利米
以西結

4 稀世霸主尼布甲尼撒王強制將百姓遷至巴比倫後，摧毀耶路撒冷，滅了南邊的猶大王國。

至此，以色列人的王國徹底滅亡……

這是紀元前五八六年所發生的事。

波斯阿契美尼德王朝滅了新巴比倫王國

被認為所向無敵的新巴比倫王國，僅僅繁榮興盛了八十六年，就被大流士一世率領的波斯阿契美尼德王朝所滅。

詹姆斯．迪索　「巴比倫之囚」　1896-1902年　柏林猶太博物館 / 柏林

拚死對抗崇拜巴力神的王后耶洗別
先知以利亞

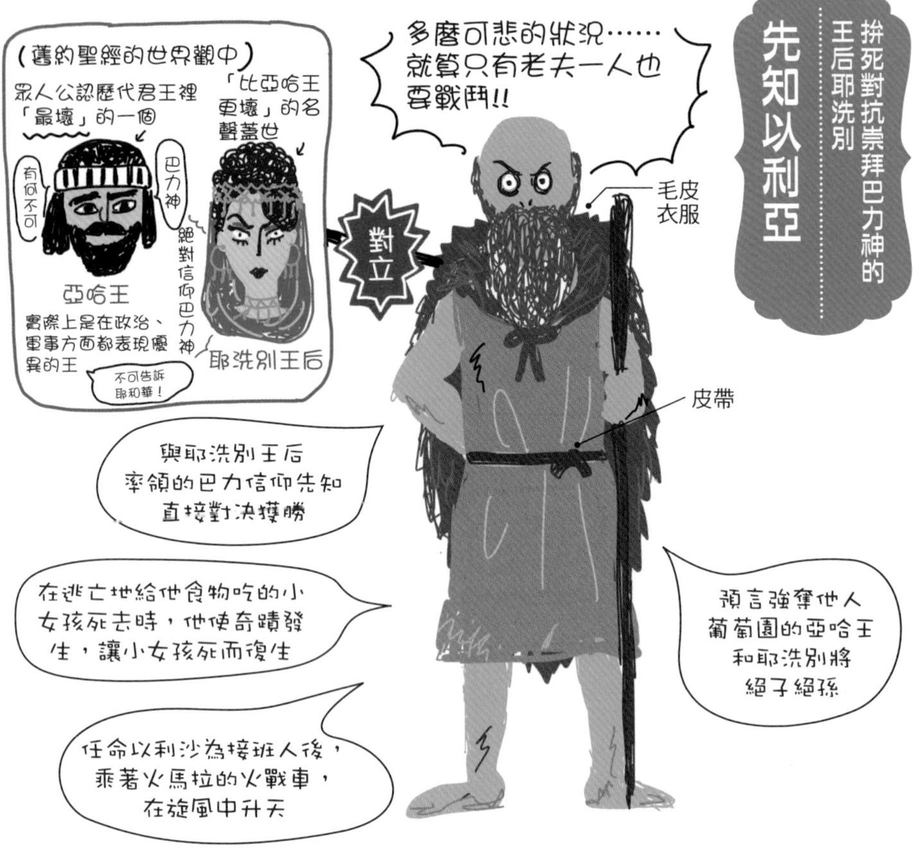

（舊約聖經的世界觀中）
眾人公認歷代君王裡「最壞」的一個
有何不可
巴力神
亞哈王
實際上是在政治、軍事方面都表現優異的王
不可告訴耶和華！
「比亞哈王更壞」的名聲蓋世
絕對信仰巴力神
耶洗別王后
對立
多麼可悲的狀況……就算只有老夫一人也要戰鬥!!
毛皮衣服
皮帶
與耶洗別王后率領的巴力信仰先知直接對決獲勝
在逃亡地給他食物吃的小女孩死去時，他使奇蹟發生，讓小女孩死而復生
預言強奪他人葡萄園的亞哈王和耶洗別將絕子絕孫
任命以利沙為接班人後，乘著火馬拉的火戰車，在旋風中升天

紀元前九世紀中葉，以利亞出生於北邊的以色列王國，是持續不斷對抗巴力神信仰的先知。

北邊以色列王國的亞哈王，竟然娶外邦巴力神祭司的女兒耶洗別為妻。不但如此，自己最後也成了積極的巴力信徒，興建神殿和祭壇。

耶和華大怒，三年不降雨，使以色列王國遍地饑荒。耶洗別王后認為這是預言會鬧饑荒的以利亞搞的鬼，接連殺害耶和華信仰的先知。

以利亞去見亞哈王，要求直接對決。對手是四百五十名巴力先知，而與之對戰的只有以利亞一人。

這場對決是由雙方召喚各自的神祈求降火，有回應的神就是真神。巴力的先知們從早就瘋狂呼喊神的名字，過了中午依然持續不停，但巴力神都沒有回應。

然而，以利亞一呼喚耶和華的名字立刻降下神火，勝負揭曉。以利亞殺了所有的巴力先知。

拿伯的葡萄園

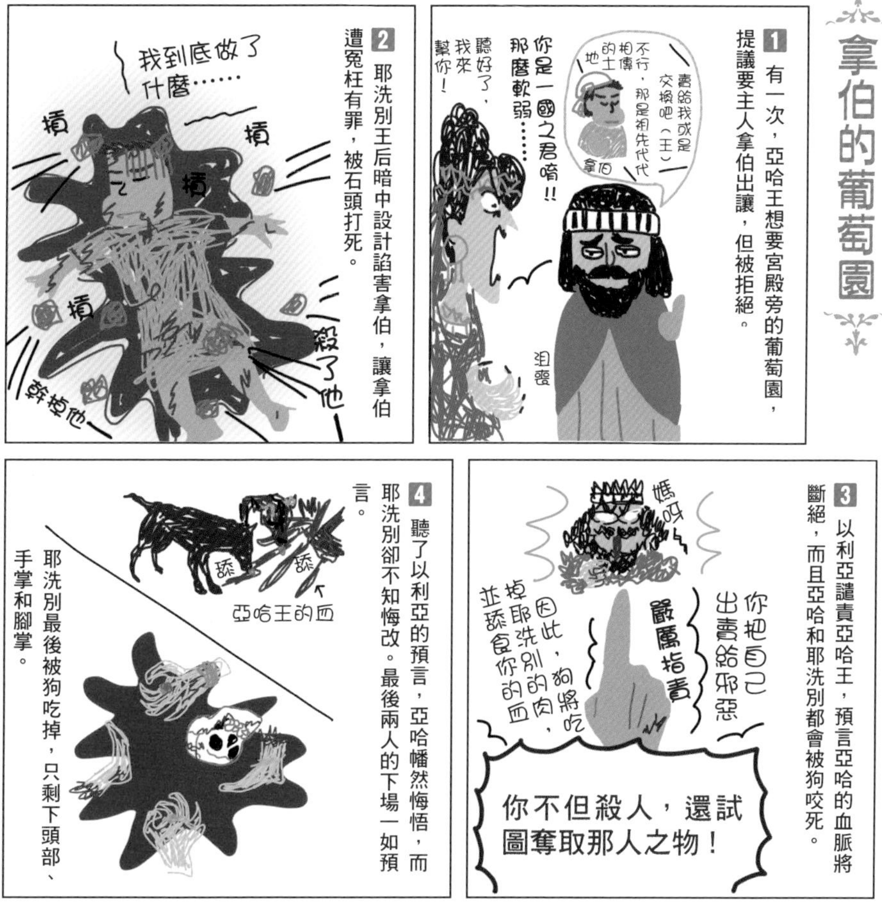
1 有一次，亞哈王想要宮殿旁的葡萄園，提議要主人拿伯出讓，但被拒絕。
賣給我或是交換吧（王）
不行，那是祖先代代相傳的土地
拿伯
你是一國之君唷!!
那麼軟弱……
聽好了，我來幫你！
沮喪
2 耶洗別王后暗中設計諂害拿伯，讓拿伯遭冤枉有罪，被石頭打死。
我到底做了什麼……
殺了他
3 以利亞譴責亞哈王，預言亞哈的血脈將斷絕，而且亞哈和耶洗別都會被狗咬死。
媽呀
你把自己出賣給邪惡
嚴厲指責
因此，耶洗別的狗將吃掉你的肉，並舔食你的血
你不但殺人，還試圖奪取那人之物！
4 聽了以利亞的預言，亞哈幡然悔悟，而耶洗別卻不知悔改。最後兩人的下場一如預言。
舔
舔
亞哈王的血
耶洗別最後被狗吃掉，只剩下頭部、手掌和腳掌。

我的父啊～我的父啊～
接下來就拜託你了

以利亞乘著火馬拉的火戰車，在以利沙的面前升天

接班人以利沙

皮亞澤塔 「以利亞乘著火戰車升天」 1745年左右 華盛頓國家藝廊／華盛頓D.C.

約拿書

受神指示去拯救敵國人民

被吞進魚肚的約拿

竟然要我去救敵人，
我才不要。
我要逃去
他施
約拿啊，
去尼尼微吧！
要人們懺悔其罪。
否則我必摧毀它。
咦？為什麼～

米開朗基羅　「約拿」　1511-12年　西斯汀教堂 / 梵蒂岡

紀元前八世紀左右，亞述帝國意圖進攻北國以色列。就在這時候，北國以色列的先知約拿聽見了神諭，懷疑自己聽錯了。

「去亞述的首都尼尼微，要他們悔改。否則神將降下鐵槌，四十天後尼尼微必將毀滅。」

約拿心想：「要我去救敵國亞述的首都，恕難從命！」於是搭上開往相反方向的船。

不料，船一出航立刻遇上暴風雨。約拿坦白招認是因為自己搭船逃避神的指令，並要船員們把他扔進海裡。

約拿原以為沒得救了，不料卻被大魚吞進肚子裡，過了三天又被吐出來。九死一生的約拿，於是前往尼尼微傳達神諭。尼尼微的人們非常驚慌並立刻悔過，因而免於被毀滅的命運。

約拿的故事顯示出，神的憐憫不僅是對以色列人，也對其他的人。同時說明了，誰是蒙神憐憫的選民，由神決定。

1 約拿搭的船一出航，海上立刻掀起狂風巨浪。約拿明白是因為自己的關係，便要船員們將自己扔進海裡。

抱歉，讓我下船
拋下
是我不對，我違背神的意旨

2 不料，一隻巨大的魚依照神的指令把約拿吞進肚裡。

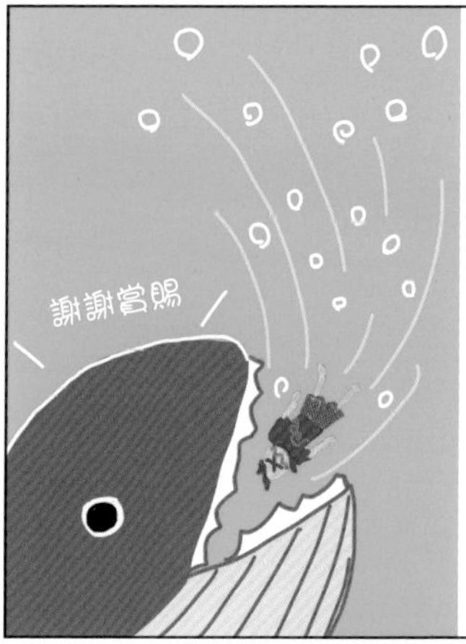
謝謝賞賜

3 約拿在魚腹中向神禱告。三天三夜後，魚將約拿吐回陸地。

哎唷喂呀！出來了！

拉斯特曼　「約拿和魚」　1621年　藝術宮博物館 / 杜塞道夫

4 約拿前往尼尼微宣告神諭。尼尼微的百姓聽了立刻禁食、脫離邪道，因而免於覆亡。

不馬上悔改的話，40天後會滅亡
這是真的喔
你說什麼~~那可不得了~~!!
禁食吧！
現在立刻禁食！
國王也立刻
不妙！
奢侈品
改進

5 不過，約拿對拯救敵國人民一事有點想不通。於是神給他「一株蓖麻」，使他了悟神不只是以色列人的神。

一夜之中長出來、為約拿遮蔭的蓖麻樹，一夜就枯死了
約拿啊，不是你花費勞力栽種、培養的蓖麻枯死，你都覺得不捨了，像尼尼微那樣的大城毀滅，我當然也會惋惜。明白了嗎？
蓖麻，活過來吧!!
神啊，我懂了，
對不起……

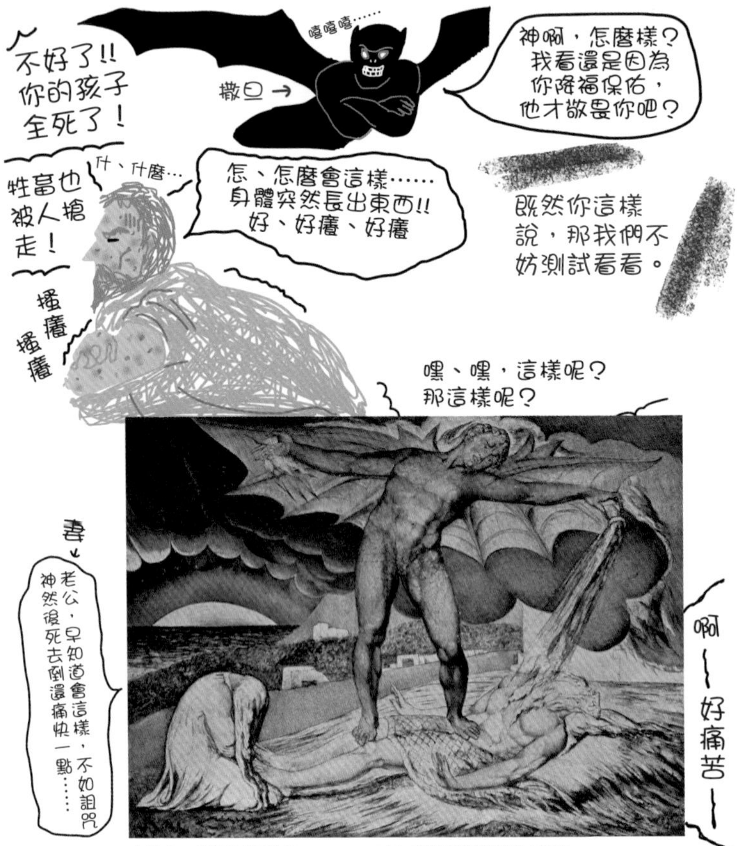
不好了!! 你的孩子全死了！
嘻嘻嘻……
撒旦→
神啊，怎麼樣？我看還是因為你降福保佑，他才敬畏你吧？
牲畜也被人搶走！
什、什麼…
怎、怎麼會這樣……身體突然長出東西!! 好、好癢、好癢
既然你這樣說，那我們不妨測試看看。
搔癢 搔癢
嘿、嘿，這樣呢？那這樣呢？
毒
老公，早知道會這樣，不如詛咒神然後死去倒還痛快一點……
啊～好痛苦～

布雷克　「撒旦攻擊約伯」　1826-27年　泰特現代藝術館 / 倫敦

約伯是個敬畏神、總是想要誠實過日子的義人。他有七個兒子、三個女兒，以及多到數不盡的牲畜，是東國最大的富豪。

有一天，天使聚集到神的身邊，撒旦也來了，並挑撥神：

「你也許相信約伯無論遇到任何狀況都會敬畏神，但奪走他的財富他還會不忘虔敬嗎？肯定是要詛咒你的！」

結果神說：「那不妨測試看看，奪走他的一切！」

結果約伯的孩子被殺、牲畜被奪走，卻依然不忘敬畏神。

撒旦接著教唆：「他如果得了重病一定會詛咒神。」神再次允許撒旦試探約伯。三名親密友人來探望得了嚴重皮膚病的約伯，七嘴八舌地對約伯說了許多令他難受的話，即使這樣約伯仍然不忘敬畏神。

神確認約伯的忠誠後，將約伯原本的境遇還給他，更使財產增加一倍。七個兒子和三個女兒再次出生，約伯從此快樂地生活了一百四十年。

1 約伯在孩子、財產全被奪走之後，還得了全身長膿瘡的疾病。雖然太過痛苦讓他詛咒自己的誕生，但他不曾責備神。

啊～～太難受了
早知道會這樣，
還不如死在
娘胎裡～～
博納 「約伯」 1880年 博納美術館／巴約納

2 聽聞約伯的苦難，三名好友來探望他。

你還好吧？
約伯。
真可憐
聽說你病了
很嚴重的病？
我們來看你了

3 可是三人哪裡是來安慰約伯，根本是眾口一聲地指責約伯，說他一定是做了不好的事才會落得這般下場。

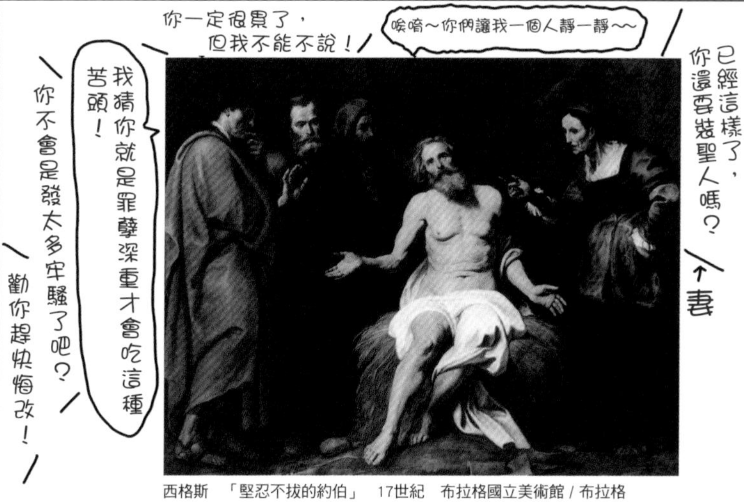
已經這樣了，你還要裝聖人嗎？
妻
唉唷～你們讓我一個人靜一靜～～
你一定很累了，但我不能不說！
我猜你就是罪孽深重才會吃這種苦頭！
你不會是發太多牢騷了吧？
勸你趕快悔改！
西格斯 「堅忍不拔的約伯」 17世紀 布拉格國立美術館／布拉格

4 神對三名友人發怒。但又說：「要是約伯同樣為這樣的朋友向神禱告，我就放過你們，不予懲罰。」

媽呀
慘了、慘了
約伯！求求你幫忙禱告!!
我為朋友禱告……
太好了！說得好!!看在約伯的分上，我赦免這3個蠢蛋的罪。全部恢復原狀!!
嘩嘩嘩

約伯為朋友們禱告。於是神決定不懲罰三名友人，並祝福約伯。

多俾亞的冒險

名畫眾多、孝子的旅途

大天使多半被畫成中性
較常被描繪成少年形象的多俾亞
除了這個主題以外，大天使拉斐爾很少出場
未察覺同行作伴的是大天使
提著一隻宛如手提包模樣的魚
狗也是必不可少的元素

有拿武器的是大天使米迦勒
旅途中的守護天使大天使拉斐爾
在告知受胎時表現傑出的大天使加百列
最超值三大天使同行版!!
提著魚的主角多俾亞

菲利皮諾·利皮　「多俾亞與三位天使」　1485年
薩包達美術館 / 杜林

我父親是菲利普·利皮，波提切利是我的老師
菲利皮諾·利皮

被亞述帝國打敗後，多數以色列人被帶往帝國首都尼尼微。

當時有個認真的男人叫托彼特，他只要發現屍體就會埋葬它，不會放著不管，積了許多善行，不料有一天，麻雀的鳥屎掉進他的眼睛裡，導致失明。

年邁的托彼特把兒子多俾亞叫來，告訴他：「以前我曾經把錢託給一個叫加貝羅的人保管。我希望你去拿回來。那就是我留給你的財產。」

兒子多俾亞與值得信任的旅伴（其實是大天使拉斐爾）一同踏上旅程。多俾亞養的狗也跟來了。

途中，在底格里斯河洗腳時，有條大魚撲向多俾亞。大天使拉斐爾隨即告訴多俾亞，這魚的膽囊是治療眼睛的藥。多俾亞旅途順遂，平安拿回錢之後，把藥塗上父親的眼睛上，父親便再度重見光明。

大天使拉斐爾成了這趟旅程的守護天使。此外，這個故事深受行旅商人喜愛，因此文藝復興時期許多優秀畫家都畫過這個題材。

像魚乾的魚

委羅基奧　「多俾亞和大天使拉斐爾」
1470-75年左右　國家畫廊 / 倫敦

提齊安諾　「多俾亞和大天使拉斐爾」
1507-08年　學院美術館 / 威尼斯

我畫的多俾亞
非常年少，
大天使拉斐爾完
全是主角
提齊安諾

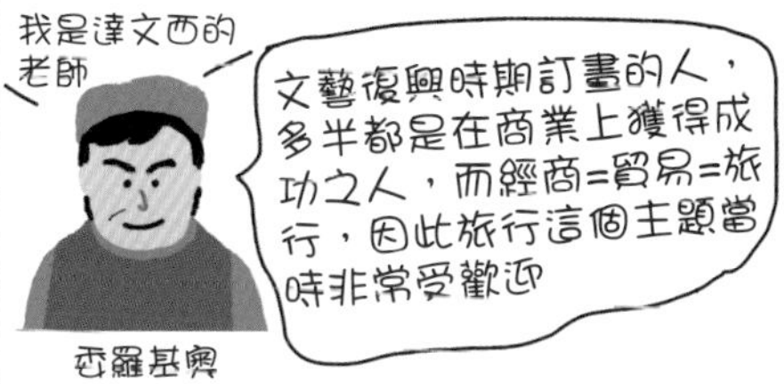
我是達文西的
老師
文藝復興時期訂畫的人，多半都是在商業上獲得成功之人，而經商=貿易=旅行，因此旅行這個主題當時非常受歡迎
委羅基奧

我是「文藝復
興三傑之一拉
斐爾」的老師
佩魯吉諾

佩魯吉諾　「多俾亞和大天使拉斐爾」　1496-1500年
國家畫廊 / 倫敦

先知耶利米

最艱苦的巴比倫之囚時期，先知的苦惱

被燒毀的耶路撒冷

林布蘭　「先知耶利米哀悼耶路撒冷的覆滅」　1630年
阿姆斯特丹國家博物館 / 阿姆斯特丹

發生第二次巴比倫之囚，
南邊的猶大王國滅亡
遺憾吶……

耶利米是背負了痛苦使命的先知，他要預告南邊猶大王國的滅亡。耶利米宣稱，來襲的新巴比倫王國尼布甲尼撒二世是「神降下的災難」，惹惱了百姓，遂被關進了地牢。

然而，耶利米的預言應驗，尼布甲尼撒二世攻陷了耶路撒冷，把以色列人擄往巴比倫（巴比倫之囚）。

畫家林布蘭畫出了眼看著耶路撒冷焚毀，卻無能為力的耶利米的苦惱。

先知以西結

曾看見異象、在空中飄浮的怪咖

拉斐爾　「先知以西結的幻視」　1518年左右　帕拉提納美術館 / 佛羅倫斯

以西結和以賽亞、耶利米並稱為舊約聖經中的三大先知。

一如拉斐爾所描繪的，他曾看見神的幻象、在空中飄浮，擁有許多其他先知所沒有的體驗。

與耶利米同樣預言了巴比倫之囚的發生，但被俘之後的第二十五年宣稱「徹底破壞之後，重建聖殿之日必將到來」，為人們帶來希望。

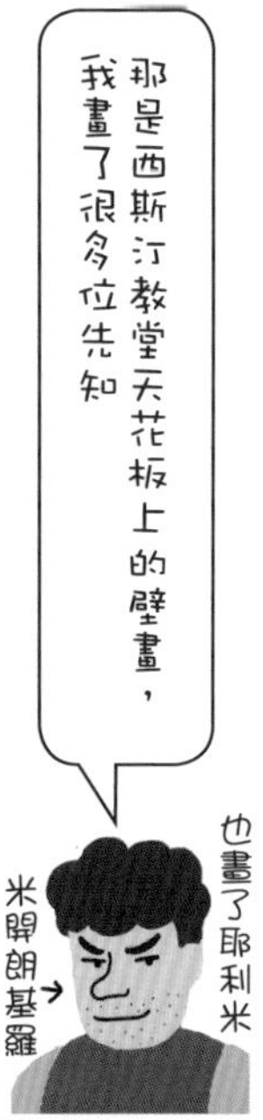
那是西斯汀教堂天花板上的壁畫，我畫了很多位先知
也畫了耶利米
米開朗基羅

我看見新的聖殿
相信總有一天能重建
因為「子不必擔負父之罪」

米開朗基羅　「以西結」
1511-12年　西斯汀教堂 / 梵蒂岡

友弟德

不慌不忙斬下敵將首級的女傑

克拉納赫　「友弟德」　1530年左右
維也納藝術史博物館 / 維也納

友弟德
驚世大美女
心地也好
丈夫3年前去世
忠於神和律法
負責管理丈夫留下的牲畜、田地、錢財和傭人
罕見的行動力
擁有忠心的侍女
上～當～了～

這是尼布甲尼撒二世飛躍發展的時代。尼布甲尼撒王為剷除不協助作戰的宗族，任命心腹赫羅弗尼斯為統帥，組織大軍。

伯圖里亞城遭大軍包圍，水漸漸用盡。伯圖里亞的領導人們無計可施，決定等五天，若神仍然不出手相助就投降。

得知此事的友弟德認為「怎麼能試探神！讓我來收服敵人吧！」，於是帶著一名侍女闖入敵營。

守門士兵驚豔於友弟德的美貌，立刻帶友弟德去見赫羅弗尼斯。

赫羅弗尼斯一眼就被友弟德的美色迷惑。第四天晚上，赫羅弗尼斯為了與友弟德同床共寢，把友弟德找來狂飲作樂，然後在她的大腿上呼呼大睡。

到了下半夜，友弟德拿起赫羅弗尼斯的刀，朝頸部砍下。當友弟德把赫羅弗尼斯的頭顱帶回己方陣營，形勢瞬間逆轉，以色列贏得了勝利。

1 友弟德為解救伯圖里亞城而前往敵營。
友弟德加油～
長老們
我會想辦法的！
我們走吧！
侍女

2 赫羅弗尼斯立刻看上美麗的友弟德，把她找來床榻邊，喝了許多酒。
哎呀，這我可
受不了啊

3 赫羅弗尼斯枕在友弟德的大腿上入睡。友弟德悄悄站起來拔刀，朝他的頭部使盡全力砍了兩次。

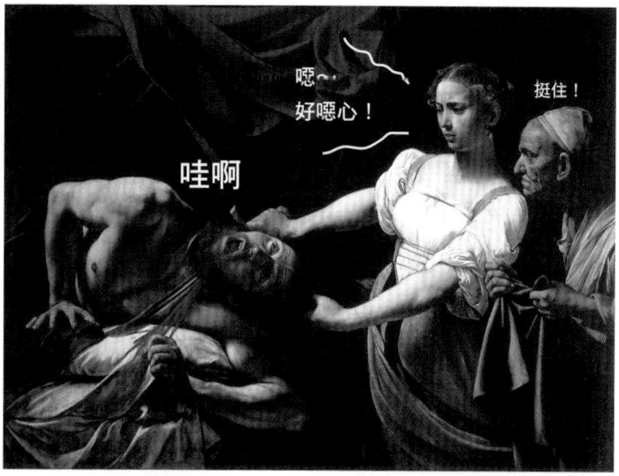
嘔～好噁心！
挺住！
哇啊

卡拉瓦喬　「友弟德砍下赫羅弗尼斯的頭顱」
1598-99年　國立古代藝術美術館／羅馬

4 赫羅弗尼斯大喊一聲旋即斷氣。
輕而易舉耶

簡．馬賽斯　「友弟德與赫羅弗尼斯的頭顱」
16世紀中葉　皇家安特衛普美術館／安特衛普

作為伴手禮的頭顱

5 友弟德把頭顱當作伴手禮，從容地返回己方陣營。
好了，回去吧！

波提切利　「友弟德」　1472年左右
烏菲茲美術館／佛羅倫斯

憑實力出人頭地
先知但以理

新巴比倫王國的尼布甲尼撒王，在帶回巴比倫的以色列人中發現年少的但以理，對他施以英才教育，讓他學習語言、歷史等成為王直屬宮廷官所必備的知識。長相俊秀、才華洋溢的但以理也不負王的期待，不過，即使服侍他國君王，但以理也並未捨棄對以色列神的信仰。

但以理為尼布甲尼撒王解夢而獲得信任，又在下一任伯沙撒王的宴會上解讀白牆上浮現的神祕文字，並預告巴比倫的滅亡。

進入波斯帝國統治的時代，但以理仍受到重用。雖然在第三任君主大流士一世即位後中了別人的計謀，被扔進獅穴裡待了一晚，但受到神保護的他毫髮無傷。

但以理是活在霸主連番更迭時代裡的先知。他預言※彌賽亞的出現：

……看！有位像「人子」的人駕著天雲，來到恆古常存者面前，接受了權威、光榮和王權。各國、各民族、說各種語言的人都服事他。他的統治將永遠常存。他的治理永無止盡。（但以理書7：13-14）

※彌賽亞原意為「受膏者」，後來被指稱為如神一般的「救世主」。

伯沙撒王時代，解讀牆上浮現的神祕文字

mene、mene（數算）、tekeru（衡量）、u parushin（和分裂）…
宴會開到一半，突然出現一隻手指在牆上寫字
這是什麼意思!? 但以理!!

林布蘭 「伯沙撒王的盛宴」 1635年左右
國家畫廊／倫敦

這是神啟，預告您的治世將結束，國家會分裂
恕我斗膽稟告

伯沙撒王當晚便去世。

大流士王時代，在獅子穴裡毫髮無傷地度過一晚

但以理！你還好嗎!?
大流士一世
是的，蒙神保護！
早上了。打哈欠～
肚子好餓
要不要吃掉那傢伙
不好吧……？

後來陷害我的人被扔進穴裡餵獅子

魯本斯 「但以理在獅穴」 1615年左右 國家畫廊／華盛頓D.C.

但以理保護有夫之婦免受癡漢騷擾

蘇撒拿出浴

1 這是但以理年少時的故事。有一天，富裕的園主之妻蘇撒拿在果園裡沐浴。偷窺她沐浴的兩名好色長老色欲薰心，威脅蘇撒拿若不任其擺布就控告她通姦罪。

竟然還是長老→
嘿嘿嘿～
找到了～真是秀色可餐～
要是不想被人知道妳在這裡跟人偷情，就照我們的話做
最差勁、惡劣的找碴
呀
怎麼回事!!

色老頭偷窺美女！　滿滿的名畫　這主題大受畫家們喜愛！

蘇撒拿出浴

夏塞里奧　「出浴的蘇撒拿」　1839年
羅浮宮美術館 / 巴黎

這裡也有
1個人
咦
!?
嘿嘿嘿~
看到了~

丁托列多　「蘇撒拿出浴」　1555-56年左右　維也納藝術史博物館 / 維也納

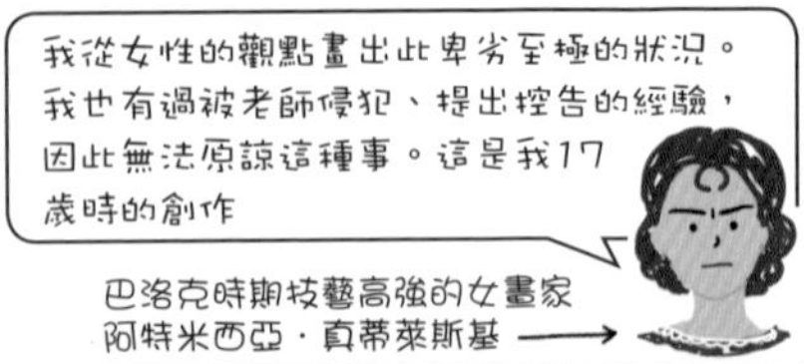

我從女性的觀點畫出此卑劣至極的狀況。
我也有過被老師侵犯、提出控告的經驗，
因此無法原諒這種事。這是我17
歲時的創作
巴洛克時期技藝高強的女畫家
阿特米西亞·真蒂萊斯基

2 長老們的偽證使蘇撒拿因通姦罪被判死刑。
我們親眼目睹這女人在樹蔭下與年輕男子偷情!!
這當然是死罪一條！
不守婦道
太過分了~
且慢
嗚
嗚
突然現身

就是說，只要這樣指證，事情就會如我們的意了
嗯嗯嗯，好主意！聽到了嗎？死心吧！
啊~真的不要啊！

阿特米西亞·真蒂萊斯基　「蘇撒拿與長老」
1610年　魏森施泰因城堡 / 巴伐利亞州

3 然而，但以理證明長老們指控不實，使蘇撒拿沉冤得雪，改判長老們死罪。
樹蔭下……。
那是哪一種樹呢？
乳香樹！
櫧樹吧……
行了!!
偽證確定!!
嗄嗄
啪 啪 啪
蘇撒拿是清白的

以斯帖記

拯救以色列人免於滅絕的以斯帖王后

1 以色列人末底改不願向大臣哈曼請安問好，惹惱了哈曼，哈曼因而計畫消滅所有以色列人。

2 得知其陰謀的末底改，於是求助於已貴為王后的以斯帖，請她求國王撤回敕令。

這是波斯帝國第四任君主薛西斯一世的時代。

薛西斯與不聽話的妻子離異後，一直在物色新王后。全國的美麗姑娘全被找來，經過十二個月的訓練後再度被王召見，但沒有一位讓王看得上眼。

輪到以斯帖（沒人知道她是以色列人）被王召見。王一見傾心，以斯帖於是當上王后。

當時大臣哈曼大權在握，而哈曼很討厭末底改（其實是以斯帖的養父），計畫殺掉他，和所有信奉耶和華的以色列人。王不知道以斯帖也是以色列人，在消滅以色列人的敕令上蓋上王印。

以斯帖得知以色列人的危機後，不顧危險來到王面前，告知他正準備滅絕自己的同胞，而這全是哈曼的陰謀。

王大怒，用哈曼原本準備用來處死末底改的柱子處死哈曼。以斯帖便被視為拯救以色列民族、勇敢的女性，名傳後世。

3 以斯帖決定豁出性命向王進言，於是精心打扮。
任何人未蒙王召見卻擅自闖入見王，肯定會被處死，
除非王向這人伸出金杖，才能免除一死……可是若不這麼做，就無法向王控訴……

要按照王喜愛的樣子精心打扮喔
是—

夏塞里奧　「正在打扮的以斯帖」　1841年　羅浮宮美術館／巴黎

好，出發了

4 馬上就赦免以斯帖的王，問她所求為何。以斯帖於是揭露自己是以色列人，並舉發哈曼企圖根絕自己的同胞。
妳怎麼啦？
我可愛的妻子呀
來，這是金杖
陛下，哈曼正準備殺光我和我的同胞！
求您救救我們！

約翰・艾佛雷特・米萊　「以斯帖」　1863-65年　個人收藏

5 王立刻下令逮捕哈曼並處死，同時撤消敕令。
被處死在原本為吊死末底改而豎立的絞刑台上
這是何等意外的發展！！
我幹了什麼蠢事……
吊起～

6 末底改徹底進行報復，把哈曼的十個兒子趕盡殺絕。
一個不留

返鄉、重建聖殿、舊約時代終了

超級寬宏大量！
波斯阿契美尼德王朝 居魯士二世
以色列民啊，可以回去重建聖殿了
噢
太好了
可以回家了
萬歲
哇
哇
呀
來吧，重新蓋一次！
咚咚
鏘
鏘
為什麼又回來了!?
囉嗦！讓開！
從以前就世居迦南的撒馬利亞人
第二聖殿完成
哇
啪哇
啪啪
太好了
百姓再次學習摩西的律法。
祭司兼文士的以斯拉
以斯拉整理出的「摩西律法書」
今天是神聖的日子。你們不要悲傷哭泣。去吃肥美的、喝甘甜的，開開心心地祝賀主吧！
阿門
阿門
阿門
阿門
最後的預言
瑪拉基書
「看吶！耶和華大而可畏之日未到以前，我必差遣先知以利亞到你們那裡去。……」

波斯阿契美尼德王朝的居魯士二世滅了新巴比倫王國。他對征服的民族十分寬宏大量。

紀元前五三八年，居魯士二世釋放被擄來巴比倫的以色列人，允許他們返回耶路撒冷，更同意他們帶走被尼布甲尼撒王掠奪的寶物。

近五萬人的以色列民，終於回到睽違六十年的耶路撒冷和自己的家鄉。見到一片荒蕪的城市雖然難過落淚，但他們決定著手重建聖殿和城牆。

儘管招來住在附近的撒馬利亞人的反感，但動工後過了二十年，聖殿終於重建完成（第二聖殿）。人們在聖殿前歡喜慶祝了七天。

聖殿雖然重建完成，但人們對神的信仰卻變得岌岌可危。於是，文士以斯拉開始將摩西的律法念給百姓們聽（學習會，也就是猶太會堂的發軔）。

最後一位先知瑪拉基要百姓相信神的應許——彌賽亞時代必將到來，並期盼它的實現，為舊約時代畫下句點。

返回耶路撒冷到耶穌之前，動盪的六百年

紀元前

300 350 400 450 500 550

波斯阿契美尼德王朝極盛期

攻陷巴比倫。以色列人返回耶路撒冷，重建耶路撒冷第二聖殿。猶太教成立

波希戰爭（波斯VS古希臘城邦）

（以斯帖當上王后）

（預言在此時期中斷）

斯巴達、雅典等城邦蓬勃發展

以斯拉在這時期整理出「摩西的律法書」

亞歷山大帝國

托勒密王朝、塞琉古王朝、安提柯王朝

（埃及）（敘利亞）（馬其頓）

伊蘇斯戰役中的亞歷山大大帝

古希臘文明

蘇格拉底

帕德嫩神殿完成

柏拉圖

亞里斯多德

亞歷山大大帝

MACEDONIA
PONTUS EUXINUS
MARE CASPIUM
OLYMPIA
ATHENAE
SPARTA
MARE MEDITERRANEUM
CYPRUS
ALEXANDRIA
GAZA
CHANAAN
BABYLON

※此為根據古地圖繪製的意象圖

※橘字部分與舊約聖經及以色列有關

紀元後

50	0	50	100	150	200	250

七十士譯本（Septuagint）

第二次布匿戰爭（迦太基VS古羅馬）

馬加比起義

猶太哈斯蒙王朝建立

舊約聖經續篇馬加比書中，記載了猶太祭司瑪他提亞為反抗希臘文化宰制而起義，到哈斯蒙王朝建立的過程。

凱撒獨裁

凱撒大帝任命希律王為猶太人的統治者

第一任羅馬皇帝奧古斯都

猶太成為羅馬帝國的行省

耶穌遭到處決

漢尼拔

凱撒

安東尼、克麗奧托佩拉七世

奧古斯都

耶穌

希臘化文明

羅馬帝國統一地中海沿岸

紀元前最後六百年，地中海沿岸的勢力圖一再被重畫。

馬其頓王國的亞歷山大大帝宛如旋風般出現，一手平定希臘、波斯和埃及，最後甚至東征到達印度，建立空前的大帝國。大帝死後領土被部下瓜分成三個王朝。

緊接著，終於展開羅馬帝國的時代。

以色列民族有一段時期曾建立哈斯蒙王朝，並爭取到獨立，但維持不久。

歷經眾多民族的統治，先知對「彌賽亞的時代必將到來」的預言，漸漸帶動一股等待「王者」降臨、挽救全族人脫離苦難的氣象，進而有日後的救世主耶穌基督的故事（新約聖經）。

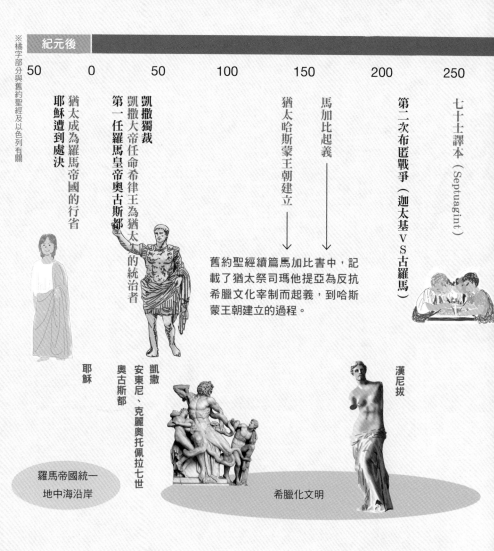

年表

紀元前

時期	年	事件
創世時期	2165	**亞伯拉罕誕生**
	2155	撒拉誕生
	2090	亞伯拉罕出發前往應許之地
	2079	以實瑪利誕生
	2065	以撒誕生
	2025	以撒與利百加結婚
	2005	雅各、以掃誕生
	1990	亞伯拉罕去世
	1928	雅各逃往哈蘭
	1914	約瑟誕生
	1908	雅各返回迦南
	1897	約瑟被賣到埃及為奴
	1875	雅各及其一族遷往埃及
出埃及時代	1528	亞倫誕生
	1525	摩西誕生
	1485	摩西逃往米甸
	1445	**出埃及** 摩西的召命
	1405	在約書亞率領下進入迦南
	1398	分配應許之地
士師時代	1390左右？	約書亞去世
以色列王國時代	1080	祭司以利的領導
	1044	掃羅成為以色列王國第一任君王
	1011	**第二任大衛王**設耶路撒冷為首都（建立統一的王國）
	971	**所羅門繼任第三任君王**
	960	**聖殿完成**
	931	分裂成北以色列王國和南猶大王國
先知時代	850	這個時期北以色列王國有先知以利亞
	780	這個時期有先知約拿
	750	這個時期有先知以賽亞

紀元前

先知時代

723 北以色列王國滅亡
625 新巴比倫王國興起
612 尼尼微被攻陷，亞述帝國滅亡
605 新巴比倫王國尼布甲尼撒二世即位
597 第一次巴比倫之囚
586 **耶路撒冷毀壞、第二次巴比倫之囚** 南猶大王國滅亡
559 波斯阿契美尼德王朝居魯士二世即位
539 新巴比倫王國滅亡
538 居魯士二世釋放俘囚，第一次返回耶路撒冷
536 **展開聖殿重建**
525 波斯阿契美尼德王朝統治埃及
479 以斯帖當上王后
458 以斯拉返回耶路撒冷
445 尼希米返回耶路撒冷、耶路撒冷的城牆完成
（465年以後預言中斷）
333 亞歷山大大帝在伊蘇斯戰役打敗波斯軍
323 托勒密王朝在埃及建立
312 塞琉古王朝在敘利亞建立
250 左右 摩西五書的七十士譯本在埃及完成（希臘文）
167 馬加比起義
168 哈斯蒙王朝建立
142 猶太人宣布獨立
63 猶太成為羅馬帝國的行省
51 克麗奧佩托拉七世即位
49 尤利烏斯．凱撒成為羅馬的獨裁官
37 希律王被任命為猶太人的統治者
27 屋大維獲得奧古斯都的稱號（第一任羅馬皇帝）

紀元後

7-4 左右 耶穌誕生
30 左右 耶穌去世

※藍字部分與舊約聖經及以色列有關
※參照《新聖經辭典》（日本 生命之語社）

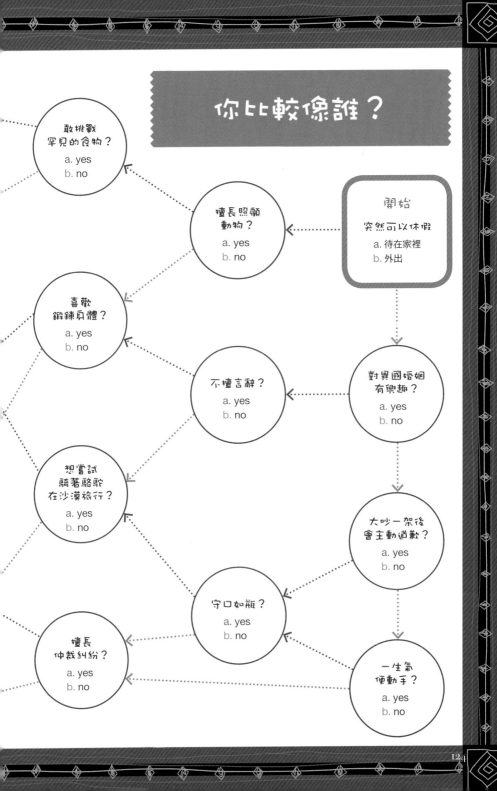

你比較像誰？

開始
突然可以休假
a. 待在家裡
b. 外出

擅長照顧動物？
a. yes
b. no

敢挑戰罕見的食物？
a. yes
b. no

對異國婚姻有興趣？
a. yes
b. no

不擅言辭？
a. yes
b. no

喜歡鍛鍊身體？
a. yes
b. no

大吵一架後會主動道歉？
a. yes
b. no

想嘗試騎著駱駝在沙漠旅行？
a. yes
b. no

守口如瓶？
a. yes
b. no

一生氣便動手？
a. yes
b. no

擅長仲裁糾紛？
a. yes
b. no

稀有的生存力

擅長做木工和照顧動物。經得起重責大任的堅強意志力也許會拯救人類。

具有連神都敢違抗的反叛精神

若不認同，即使是老闆的命令也不從，擁有如鋼鐵般的心理素質。可能會經歷凡人難有的體驗。

可能成為某個大流派的始祖

突然接到全然陌生的任務，也能靠著強大的意志堅持到底，深得上司信賴，同時也會培育接班人。

沒把握的任務也能達成豐功偉績

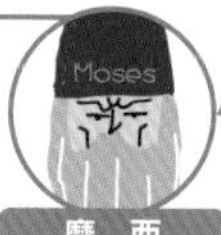

即使是不拿手的統領眾人的工作，靠著四周人的支持和引發神蹟的力量，或許也能留名青史。

無敵的硬漢、會隱藏弱點

論力氣，你有信心贏過別人。即使是迷人的異性接近你，也不會輕易吐露自己的弱點。

十全十美的你只有一個危險

文武雙全，容貌俊美，詩歌、音樂皆拿手，且擁有眾多好友。唯一要注意的是，別靠近有夫之婦。

藉感應神啟帶給人們希望

你有過在大白天看見異象、在空中飄浮的經驗。將自己感受到的希望傳達給眾人，帶給眾人勇氣。

充滿睿智榮耀的一生

無所不知、知識淵博的你，相信會擁有非常成功的一生。不過上千人的妻子就免了吧。

最大武器是籠絡人心和哭求

能不屈不撓地完成使命，誠然是手段高超的奸細。遇到強敵也總有辦法收服他。

誠實的你必將得到幸福

你用誠意克服一般認為難以處理的人際關係。相信最終會掌握到莫大的幸福。

喜歡逛
家飾用品店？
a. yes
b. no

會暈船？
a. yes
b. no

自己
最大的夢想
有可能實現？
a. yes
b. no

擅長
長時間步行？
a. yes
b. no

能夠
自彈自唱？
a. yes
b. no

自認是
外貌協會？
a. yes
b. no

自認知識
還算淵博？
a. yes
b. no

曾見過
幻象或幽靈？
a. yes
b. no

適合當間諜？
a. yes
b. no

家族裡
男丁不太興旺？
a. yes
b. no

結語

多年來我一直有個疑問，為什麼西洋繪畫有這麼多以舊約聖經為題材的作品（明明只是古早以前一個少數民族的故事）？現在，我終於解開這個謎。

舊約聖經裡，充斥著我們所能想得到的、各式各樣關於人的故事。既有充滿人的七情六欲的小故事，也有讓人認識到神力無邊的軼聞傳說，還有悲傷的故事、開心的故事、不近情理的故事、戰爭、饑饉、旅途中的遭遇、愛情、後悔、令人感動落淚的故事……等等。

而我發現，當這些故事與名畫結合，立刻化為令人難忘的具體形象烙印在心底。

比方說眼前有幅美女出浴的畫作，若沒有背景知識，只會覺得「好漂亮喔」就走過去。但如果知道大衛的故事，思緒就會飛快地轉動：「哇！這位就是讓名君也神魂顛倒的拔示巴！確實很迷人。唉～烏利亞真可憐……大衛，就算你是國王也不能奪人之妻！」像這樣，了解故事會令賞畫更有樂趣。

一幅畫可以包含並傳達許多訊息，可能正因如此，才會有許多描繪舊約聖經的畫作吧。

我很努力地閱讀舊約聖經。這是相當累人的作業。我多次灰心、氣餒，差點要放棄。

不過讀完後的現在，我內心有很大的收穫——

「好好活著！」

雖然不知道為什麼，但我開始會這麼想。

我經常說喪氣話：「我這種人怎麼可能畫得出舊約聖經的故事！」但河出書房新社的竹下純子小姐總是不斷鼓勵我，說：「妳可以的、妳可以的！」在此向她致上萬分的感謝。

參考文獻

共同譯聖經實行委員會　《聖書　新共同訳　旧約聖書続編つき》 1995 年　日本聖經協會
犬養道子　《旧約聖書物語》增訂版　1977 年　新潮社
犬養道子　《聖書を旅するⅠ　古代史の流れ・旧約聖書》 1995 年　中央公論社
山我哲雄　《一神教の起源　旧約聖書の「神」はどこから来たのか》 2013 年　筑摩選書
山我哲雄　《聖書時代史　旧約編》 2003 年　岩波現代文庫
生田哲　《早わかり旧約聖書》 2002 年　日本實業出版社
生田哲　《早わかり聖書》 2000 年　日本實業出版社
Barry. J. Beitzel、船本弘毅監修
《地図と絵画で読む　聖書大百科》普及版　山崎正浩等譯　2013 年　創元社
山形孝夫　図説《聖書物語　旧約篇》新裝版　2017 年　河出書房新社
船本弘毅監修　《一冊でわかる　名画と聖書》 2011 年　成美堂出版
望月麻美子、三浦たまみ　《名画が描く　罪深き旧約聖書》 2015 年　視覺大和文庫
阿刀田高　《旧約聖書を知っていますか》 1994 年　新潮文庫
加藤隆　《旧約聖書の誕生》 2011 年　筑摩學藝文庫

日本聖經協會翻譯部監修　大家的聖經・漫画系列　日本聖經協會
《旧約聖書Ⅰ　創世（ジェネシス）～光を受けし者たち～》 あずみ椋（原案・繪圖） 2008 年
《旧約聖書Ⅱ　王国（キングダム）～国を建てし者たち～》 あずみ椋（原案・繪圖） 2009 年
《旧約聖書Ⅲ　預言者（プロフェッツ）～希望を告げし者たち～》 あずみ椋（原案・繪圖） 2010 年

里中滿智子　《マンガ旧約聖書１　創世記》 2014 年　中公文庫
里中滿智子　《マンガ旧約聖書２　出エジプト記他》 2014 年　中公文庫
里中滿智子　《マンガ旧約聖書３　士師記 / サムエル記他》 2014 年　中公文庫

泉田昭等編輯　《新聖書辞典》新裝版　2014 年　生命之語社
谷澤伸等監修　《流れ図　世界史図録　ヒストリカ》新訂版　2013 年　山川出版社
成瀨治等監修　《山川　世界史総合図録》 1994 年　山川出版社

杉全 美帆子

出生於神奈川縣。女子美術大學繪畫科西洋畫組畢業。
任職於廣告製作公司、廣告代理商，從事平面設計的工作。
2002年起遠赴義大利留學。
2008年畢業於佛羅倫斯學院（Accademia di Firenze）。
著作：
《誕生自黑暗的輝煌年代！揭開文藝復興大師們的神祕面紗》
《不只是傳奇！圖解全能天才達文西》
《印象派畫家的光影色彩世界》
《名畫賞析：奇想畫家的美學世界》
《一點也不正經的希臘眾神們：讓有趣插圖帶你輕鬆了解希臘神話故事》
（皆為台灣東販出版）

杉全美帆子的圖解美術系列製作日誌：
http://sugimatamihoko.cocolog-nifty.com/

日文版STUFF
內頁設計／GRiD
插圖／杉全美帆子

史上最歡樂！
圖解世界名畫裡的聖經故事

2019年7月1日初版第一刷發行

作　　者	杉全美帆子
譯　　者	鍾嘉惠
編　　輯	陳映潔
封面設計	麥克斯
發 行 人	南部裕
發 行 所	台灣東販股份有限公司
	＜地址＞台北市南京東路4段130號2F-1
	＜電話＞(02)2577-8878
	＜傳真＞(02)2577-8896
	＜網址＞www.tohan.com.tw
郵撥帳號	1405049-4
法律顧問	蕭雄淋律師
總 經 銷	聯合發行股份有限公司
	＜電話＞(02)2917-8022

國家圖書館出版品預行編目資料

圖解世界名畫裡的聖經故事：史上最歡樂！/ 杉全美帆子著; 鍾嘉惠譯. -- 初版. --臺北市：臺灣東販, 2019.07
128面；14.8×21公分
譯自：イラストで読む旧約聖書の物語と絵画
ISBN 978-986-511-055-0（平裝）

1.舊約 2.聖經故事 3.西洋畫

241.1　　108008884